BÜRO
WILHELM
VERLAG

ANETTE RUTTMANN

# Poesie der Kleider

ESSAYS ÜBER
FRAUEN, LITERATUR UND MODE

# Inhalt

# Vorwort

*Die Malerei, die Kunst, die Literatur*
*haben das Lächeln, das die neue Frisur schützt.*
FRANCIS PICABIA

Von der amerikanischen Schriftstellerin Gertrude Stein stammt die vielzitierte Zeile: „Rose is a rose is a rose“. Was eine Rose ausmacht, bleibt unserem Vorstellungsvermögen überlassen, sei es nun ihre Schönheit, ihr Duft oder ihre Unabhängigkeit von Zeit. Auch wenn die Blütenblätter fallen – sie ist ein Teil der Natur; sie erneuert sich immer wieder und sieht – auch heute noch – so aus wie vor Tausenden von Jahren, wie sich auch der weibliche Körper nicht gewandelt hat. Dennoch hat sich die Wahrnehmung der äußeren Erscheinung der Frau im Laufe der Zeit immer wieder verändert. Dazu haben die Kleidung und der Einfluss der Mode beigetragen, die darauf aufmerksam machen oder gar vorschreiben, was angesagt ist. Und je moderner wir werden, desto schneller folgt eine Mode auf die andere; sie gipfelt in *Fast Fashion* mit all ihren umweltschädlichen, Menschen verachtenden Begleiterscheinungen – und der grenzenlosen Ahnungslosigkeit, ja Dummheit der Verbraucher. Der französische Philosoph und Soziologe Jean Baudrillard (*1929) vergleicht die Mode mit „Epidemien, die verschwinden, wenn sie die Vorstellungskraft verwüstet haben und der Virus sich erschöpft hat“. In der letzten Zeit sind einige bemerkenswerte Bücher, überwiegend von Frauen, erschienen, welche ausführlich die Beschaffenheit des „Virus“ Mode ergründen und seine Jahrhunderte umfassende Lebensdauer analysieren. Wer sich in dieser Umgebung schreibend behaupten will, muss immer noch mit Widerständen rechnen, weil das Thema als frivol, unwichtig, als Luxus betrachtet wird und oft frauenfeindliche Sichtweisen zu bedienen scheint.

Es ist, in aller Kürze gesagt, nicht litera-gen.
Aber die Mode soll in diesen Essays nur eine Nebenrolle spielen, wenn auch ihr Einfluss nicht immer wegzudenken ist. Es geht dennoch um mehr als Mode, der Fokus liegt auf dem, was Schriftsteller und Dichter sehen und beschreiben und letztlich zeitlos ist, auch wenn es Erscheinungen gibt, die vom Zeitgeist beeinflusst werden. Allen gemeinsam ist, welche wesentliche Rolle das Aussehen der Frau spielt, und welche Bedeutung dies nicht nur für das Selbstbewusstsein, sondern auch für die Lebensfreude vieler Frauen hat – damals wie heute.

Rainer Maria Rilke schreibt in „Malte Laurids Brigge“ von der *Poesie der Kleider,* die wir mit in unseren Alltag nehmen. Auch das Material, aus dem die poetischen Träume sind, ist von Bedeutung, das Wissen um die Verwandtschaft von Schreiben und Nähen, von Text und Textil. Von der Literaturkritikerin Verena Auffermann stammt der Satz über die wichtige Rolle, welche die Kleidung der weiblichen Figuren bei der kanadischen Schriftstellerin Margret Atwood spielt: „Sie hält Körper und Seele zusammen.“ Auch so unterschiedliche Schriftstellerinnen wie Elfriede Jelinek oder Marie-Luise Fleißer haben ihre Faszination für Kleidung immer wieder zum Ausdruck gebracht. Ist nicht die Literatur ein ähnlich feingesponnenes Gewebe? So war auch der Modeschöpfer Karl Lagerfeld ein leidenschaftlicher Leser und besaß eine riesige Bibliothek. Er gründete zusammen mit dem bekannten Göttinger Verleger und Drucker Steidl zwei Verlage, die eine Fundgrube sind für Erkenntnisse, welche Verwandtschaft nicht nur zwischen Mode und Literatur, sondern auch zwischen Design, Fotografie und Kunst bestehen kann. Der Literaturwissenschaftler und Autor Walter Höllerer hat bereits 1960 in seinem Buch „Movens“ versucht, moderne Dichtung, bildende Kunst, Musik und Architektur zu verbinden, fand aber nur wenige Nachfolger. Die Mode als eine Möglichkeit das Quartett noch zu vervollständigen, war damals noch nicht der Betrachtung wert. Heute gibt es Modedesigner wie Vivienne Westwood, Issey Miyake, Jean Paul Gaultier und Martin Margiela, um nur einige zu nennen, deren Schöpfungen ein Kunststatus nicht mehr abgesprochen werden kann.

Von hier aus führt ein direkter Weg zu den unterschiedlichen Aspekten, welche die Mode so schillernd erscheinen lassen und die zu ihrem Zauber gehören wie auch ihre Nähe zu künstlerischen Ausdrucksformen – seit undenklichen Zeiten: Das Auge des Dichters erscheint als ein Mittel der Erkenntnis – durch nichts als die reine Anschauung. Hier zeigt sich, wofür die unnachahmliche Friederike Mayröcker noch im hohen Alter die folgenden Worte gefunden hat: „meine Texte entstehen durch sich fortpflanzende Augen."

Mit Hilfe der Schriftsteller versuche ich – jenseits aller Empfindlichkeiten, Kontroversen und Krisen – zu vermitteln, was Frauen (und durchaus auch Männer, nicht nur schreibende) in allen Kulturen seit Jahrtausenden beschäftigt hat und weiter beschäftigen wird. Wenn die Kunsthistorikerin Antje von Graevenitz in ihrer Arbeit über zeitgenössische Schmuckdesigner in den Niederlanden sagt, dass ihre Schöpfungen „ein Zeichen von Lebenslust, Identifikation, Kraft oder Eigenständigkeit" sind, dann können diese Worte über so manchem Text in diesem Buch stehen, ob er nun von gestern oder von heute ist.

Und über allem wacht dieses leichte Picabia-Lächeln in schwierigen Zeiten. Nostalgie sei erlaubt. Auch ernste Töne werden angeschlagen. Manchmal soll es auch frivol klingen. Es geht jedoch nicht um Sex, sondern allenfalls um Erotik und – immer noch und für alle Zeiten und in allen Kulturen – um Schönheit oder das, was wir dafür halten; um all das, was uns anzieht, gefällt und unsere Fantasie anregt, nicht mehr und nicht weniger, als eine Möglichkeit, für kurze Zeit der Gegenwart zu entfliehen und sich immer neu zu erfinden.

# Dornen für die Damen – ein anderer Blick auf die *Blumen* der Dichter

*Wenn du eine Rose schaust,*
*Sag, ich laß sie grüßen.*
HENRICH HEINE

Frauen und Blumen: Wer sie gleichsetzt und wie Heinrich Heine als Synonyme gebraucht, scheint schon verspielt zu haben, bevor es angefangen hat. Die französische Schriftstellerin Simone de Beauvoir, Lebensgefährtin von Jean Paul Sartre, hat vor vielen Jahren in „Das andere Geschlecht" ihren kritischen Blick auf diese Zusammenhänge geworfen – wie auch auf Schmuck, Pelze, Dauerwellen und Seide: „Sie legt umso größeren Wert auf sie, je unbefriedigter ihre Sinnlichkeit ist." Und bei Theodor Adorno finden wir den Kommentar: „Die sich als Wunde fühlt, wenn sie blutet, weiß mehr von sich als die, welche sich als Blume vorkommt, weil das ihrem Mann in den Kram passt." Die Frau, die sich in diesen Tagen noch in „Samt und Seide" präsentiert, sollte es also wissen: Je mehr sie sich schmückt, desto deutlicher wird, dass sie an ihrer wahren Bestimmung vorbeilebt. Und dennoch kann sie es nicht lassen ...
Kann es sein, dass sie inzwischen weiß, was sie von dem Ausspruch Heines zu halten hat? Von seinen vielen Geschichten mit „wundersüßen Mägdelein" und seinen anzüglichen Zeilen über seine Liebchen, geschrieben auf längst verblichenem Papier, zwischen dessen Bögen blonde Locken und welke Blumen liegen? Kennt sie seine unglücklichen Jugendlieben und hat das Gedicht gelesen, in dem diese beiden Zeilen mit der Rose stehen, denen wir uns so misstrauisch genähert haben und das in der Vertonung von Mendelssohn-Bartholdy so unvergesslich zum Klingen gebracht wurde?

Leise zieht durch mein Gemüt
Liebliches Geläute.
Klinge, kleines Frühlingslied,
Kling hinaus ins Weite.

Kling hinaus, bis an das Haus,
Wo die Blumen sprießen,
Wenn du eine Rose schaust,
Sag, ich laß sie grüßen.

Mehr als ein halbes Jahrhundert nach dem Erscheinen von „Das andere Geschlecht“ können Frauen diese Zeilen in einem anderen Licht sehen. Sie fühlen sich auf wundersame Weise außerstande, diese Gleichstellung von Frau und Blume zu verurteilen. Mag sein, dass sie auch so etwas wie Mitleid bewegt. Heines Gedicht rührt sie an in seiner Schlichtheit und seinem Geheimnis, sie nehmen es ernst – und doch nicht ernst. Und hörte ich nicht bei einer Hochzeitsfeier eine dieser Damenreden, wie wir sie nur noch selten hören und las dabei in den Gesichtern der weiblichen Zuhörer? Der Redner, von Beruf Psychiater; ging von der Freudschen These aus, dass die Weiblichkeit ein „dunkler Kontinent“ sei, ein schwer zu eroberndes und unerforschbares Terrain. Er pries sich glücklich, nach langem Suchen dennoch den passenden Vergleich für eine solche Rede gefunden zu haben: Das Weibliche ist das Blumige. Die anwesenden Damen wurden als Blumen und die Männer als Blumenliebhaber angeredet, die in der Blüte ihrer Jahre zu diesem von Aphrodite gestifteten Fest erschienen seien. Er dankte allen Floristen der Liebe und beschloss seine Rede stilgerecht mit lateinischen Zitaten: floreatis „Möget ihr blühen“ und „ametis ut amemini.“ „Möget ihr blühen, ihr geliebten Blumen, auf dass ihr geliebt werdet.“

Die weiblichen Gäste hörten die Rede sichtlich mit Wohlwollen – Emanzipation hin oder her. Die wuchernde Blumenmetaphorik schien sie zu amüsieren. Schließlich ist der Vergleich heute wieder so altmodisch wie ein Handkuss, so charmant wie ungefährlich. Auch die Zeilen in Puccinis Madame Butterfly, in denen der Sänger eine Frau als „duftende Blume“ bezeichnet, dürfen heute noch ohne Argwohn angehört werden, schließlich ist die Oper ein Freiraum für opulente Bilder und große Gefühle.
Zu den lesenswerten Zeilen über Blumen gehört auch ein Essay über den Modeschöpfer Christian Dior, der zu Beauvoirs Zeiten noch die Längen der Kleider diktierte:

> Vor vielen, vielen Jahren, da herrschte ein Modekönig über die Frauen der Welt. Die Frauen waren für ihn Blumen, und diese Blumen sollten wieder blühen, nachdem der Krieg eisig über Europa hinweggestrichen war. Er gab ihnen Hüte, lange Handschuhe, weite Röcke, hohe Schuhe. Wespentaillen, üppige Busen, tiefe Dekolletés, Wolken von süßen Düften, Seidenblumen und andere Accessoires der Eleganz. Man feierte die Rückkehr des Ewigweiblichen. Christian Dior, so der Name des Modekönigs, hatte sie möglich gemacht.

Als er starb, senkten die Blumen ihre Köpfe. „Er liebte die Eleganz des Herzens“, zitiert der Erzähler dieses Märchens, der FAZ-Journalist und Dramaturg Martin Kazmaier, einen Mitarbeiter des großen Blumenfreundes Dior. Der Begriff Eleganz, sagte jedoch Carl Lagerfeld, sei heute mit Vorsicht zu genießen. Denn nicht nur der Begriff, sondern auch diejenige, die ihn verkörpert, hat die Richtung gewechselt. Eine wirklich elegante Frau im Sinne Diors wirkt heute so merkwürdig deplatziert wie eine schöne Blume in der falschen Vase oder wie ein Zitat aus alten Zeiten. Das Blumen-

objekt könnte sich inzwischen in ein Blumensubjekt verwandelt haben und das ist, in der Tat, vorsichtig in Augenschein zu nehmen. Die Frau und der neue, raffinierte Kult ihrer Blumen-Schönheit lässt den Mann in die Falle tappen, die er selbst ausgelegt hat. Natürlich funktioniert es nicht immer. Es soll Männer geben, die auf ganz andere Vorzüge Wert legen. Dann kann es passieren, dass auch sie in ihre eigene Falle läuft, aus der sie nur mit Verletzungen entkommen kann. Das weiß sowohl die moderne Frau als auch der moderne Modeschöpfer, und deswegen lassen sie zunehmend Störungen zu, Brüche, winzige und witzige, gelegentlich sogar schreiende Hässlichkeiten; Ausnahmen bestätigen die Regel und Rückfälle noch mehr. Beim Anblick mancher, meist junger Frauen überfallen mich wieder Zweifel; das Superstyling hat die alte Eleganz abgelöst und übertrifft sie mit gnadenloser Perfektion. Dem Thema über jene Frauen, welche sich nachlässig in Jogginghosen kleiden, von der Zunahme der Freizeit- und Sportkleidung, müsste in einem eigenen Essay nachgegangen werden. Die moderne Literatur wird auch hier beschreiben, was den Augen des Schriftstellers nicht entgeht.
Die amerikanisch-niederländische Essayistin Ethel Portnoy hat in ihrem Band „Madonnas Apfel" eine Analyse der Ausstellung „Hommage à Christian Dior" im „Musée des Arts de la Mode" in Paris erstellt. Sie schreibt, dass die Intuition ihr sage, Dior habe die Brüste der Frau mit Rosen assoziiert. „Manchmal, wenn er nicht zufrieden war mit einer einzigen Rose am entscheidenden Punkt des Dekolletés, füllte er es ganz mit Rosen. Seine großen Hüte sind mit Rosen besetzt, viele seiner Stoffe sind mit Rosen bedruckt, und bei einem seiner Abendkleider bedecken wahrhaftig große Rosen beide Brüste." Es ist also nicht verwunderlich, wenn die Rose, diese Blume der Aphrodite, auch in der Literatur eine vorrangige Stellung einnimmt. Und deswegen geht es hier (fast) nur noch um sie.

In der arabischen Dichtung hatte die Rose von jeher einen bevorzugten Platz, stand nicht dort auch die Wiege dieser Kulturpflanze, die so ungleich prächtiger gewachsen ist als ihre bescheidene wilde Verwandte, die Heckenrose, welche auch in unserem Klima beheimatet ist? Vom Orient verbreitete sich diese Rosen-Schönheit über die ganze Welt. War sie in erster Linie das Abbild göttlicher Vollkommenheit, so wurde sie auch ein Sinnbild der Liebe und des Weiblichen – und der Vergänglichkeit. Trotzig schreibt Ludwig Hölty, ein deutscher Dichter der Barockzeit: „Rosen auf den Weg gestreut/ Und des Harms vergessen!/ Eine kleine Spanne Zeit / Ward uns zugemessen." Den Griechen Konstantinos Kavafis aber können – am Anfang dieses Jahrhunderts – die echten Rosen nicht mehr erfreuen, sie gehören in den gemeinen Garten: „Doch ihr Fleisch ist mir bitter, erschöpfend und schmerzt/ Ihrer vergänglichen Schönheit bin ich überdrüssig." Er hat sich für die künstlichen Blumen entschieden, die für ihn schöner gearbeitet sind als die natürlichen: „Ihre Anmut entnehmen sie einer weisen und reinen Ästhetik. Sie wurzeln nicht in schmutziger Erde und sie altern nicht." Kavafis will den reizvollen Wechsel der Jahreszeiten in der Natur nicht sehen und entflieht ein für alle Mal dem unvermeidlichen Ende aller irdischen Erscheinungen. Er stellt die Kunst über die Natur. Wir beobachten heute, dass die künstlichen Blumen nicht nur auf Gräbern immer mehr an Bedeutung und Kunstfertigkeit, ja auch an Schönheit zunehmen. Immer kostbarere Materialien werden für ihre Herstellung verwandt. Wir können sie nicht mehr mit Naserümpfen abtun; der feine, künstliche Stoff macht es möglich. Hier ist die Materie, die neue Bilder für eine zukünftige Ästhetik in sich trägt: Die Schweizer Schriftstellerin Sabine Reber vergleicht Rosen mit „knisternden Dessous" oder mit Vanille-Eis. Aber der Blick in eine Anthologie der Gedichte aus vergangenen

Zeiten hat immer noch seinen Reiz. Eine echte Blume verfügt über ein beachtliches Repertoire. Sie kann sich verwandeln und noch viel mehr: „Wie willst du weiße Lilien zu roten Rosen machen. Küss eine weiße Galathee: sie wird errötend lachen“, schrieb der scharfzüngige Barockdichter Friedrich Logau vor fast vier Jahrhunderten. Wird eine kunstvoll hergestellte Rose jemals zu dieser Leichtigkeit und zu dieser besonderen Schönheit inspirieren können? Das Wissen um ihre Sterblichkeit gehört zu ihr und macht sie nur noch schöner. Die Dichterin Gertrud Kolmar erträumt sie sich als einen Vogel, der sich in die Lüfte erhebt – weit hinaus über alle irdischen, vergänglichen Rosen und erst recht über ihre schwerblütigen künstlichen Stiefschwestern. Und, was Kavafis vergessen hat: Auf die toten Blumen legt sich jener Staub, den wir immer wieder vergeblich entfernen. Aber er liegt weder auf Friedrich Logaus Epigrammen noch auf den Zeilen der Gertrud Kolmar in ihrem Gedicht „Kanarienrose. Ville de Paris“.

Des Mädchens Taubenhände gurrten zahm
Aus licht zitronenfarb und grüner Seide;
Ihr Haar hing schwarz und still und gleich der Weide,
Und ihre Blicke sanken als ein Gram

Auf jenem Vogel, der von Inseln kam,
Dem zaubernd sie aus weichem Fiederkleide
Die Rose träumte. Blühendes Geschmeide.
Ein Duft, wie Wein so gilbend, süß wie Rahm,
Sang aus dem Käfigglase, blauem Becher,
Mit feinen Tönen, hauchte zitternd nieder
Und lag an ihrem märchenbunten Schuh

Gefaltet, blaß, wie ein verlorner Fächer.

Sie neigte sich. Da ward der Vogel wieder
Und schwirrte den Kanarienwäldern zu.

Witzig wird es in der Literatur immer dann, wenn diese Blume wie ein Ersatz behandelt wird, als literarische Variante des Schlagers „Ich küsse Ihre Hand, Madame, und denk, es wär Ihr Mund …“ Der Orientalist Friedrich Rückert, der unter anderen mit seinen „Östlichen Rosen“, Nachdichtungen des großen persischen Dichters Hafis, die arabische Poesie den deutschen Lesern nahe brachte, schrieb die folgende Strophe:

Bringet mir ein Surrogat,
das ein Kuß mir scheine,
sei's ein frisches Rosenblatt,
sei's ein Glas mit Weine.

Solche Verse lassen vermuten, dass die Rosenleidenschaft vieler Menschen tiefer liegende Ursachen haben könnte. Unzählige Bücher über Rosen mit schönen Fotografien liegen in den Buchhandlungen, von denen offenbar nie genug erscheinen können. Häufig treten sie zusammen mit Gedichten auf, zu denen Rosen (und andere Blumen) eine enge Verwandtschaft zu besitzen scheinen. Ohne Rosenbilder lassen sich Gedichte wohl nicht so gut verkaufen.

Die Anzahl der Neuzüchtungen wächst unaufhörlich, die Farbskala rangiert von Schwarz über Lila bis Weiß, neuerdings auch Grün. Ein englischer Gartenarchitekt beklagt die um sich greifende, internationale Rosenhysterie – ein Nestbeschmutzer für ein Land, das sich um Rosen besonders verdient gemacht hat und wo selbst der Hochadel sich nicht zu fein dünkt, Rosenschere und Hacke in die Hand zu nehmen. Im 15. Jahrhundert gab es in England einen

„Rosenkrieg“ zwischen den Häusern York und Lancaster. Beide haben eine Rose im Wappen, die eine ist weiß, die andere rot. Aber das kümmert den englischen Gartenrebellen nicht. Allein die zerkratzten Körperteile der Rosengärtner sprechen in seinen Augen gegen das Überhandnehmen der Rosenkultur. Aber das wird wohl nichts daran ändern, dass sich so viele Rosenfreunde weiterhin gerne von Rosen kratzen lassen, eine masochistische Veranlagung ist ihnen nicht abzusprechen. Die „Königin der Gärten“, dornig oder nicht, wird unter allen Blumen am häufigsten beschrieben. Das fängt schon vor Goethes „Sah ein Knab ein Röslein stehn“ an und geht noch weit über Gertrude Steins „A rose is a rose is a rose“ hinaus. Und dieses dornige Wesen der Rose – in Verbindung mit ihrer besonderen Schönheit und ihrem Wohlgeruch – ist nicht zu unterschätzen:

> Dona Rosa, Dona Rosa,
> Was ist Ihrer Rosen Art?
> Warum haben Sie nur Dornen,
> Für den, der Sie liebt so zart?
> FERNANDO PESSOA

In diesem Vierzeiler stellt der portugiesische Dichter die wesentliche Frage, was nun die wirkliche Bedeutung der Rose sei. Für einen zärtlich Liebenden sollte doch die Geliebte ihre Dornen eher verstecken, einziehen wie die Katze ihre Krallen. Aber vielleicht liebt sie ihn ja gar nicht, oder aber es handelt sich um das alte Spiel, das schmerzlich, aber nicht hoffnungslos ist, nur ein wenig von der Hauptsache ablenkt, den Gang der Leidenschaft verzögert, jenes notwendig retardierende Element? Ohne Dornen wäre alles viel zu einfach. Was wäre das Märchen von Dornröschen ohne die große Dornenhecke um die schlafende Schönheit,

die noch wachgeküsst werden will? Eine lieblich-kitschige Geschichte, die der Fantasie wenig Raum gibt. Ohne ihre Dornen ginge es immer „nur“ um die Schönheit der Rose und um ihren Duft. „Was ist ein Name! Was uns Rose heißt / Wie es auch hieße, würde lieblich duften.“ So steht es in Shakespeares „Romeo und Julia“, der bekannten Geschichte über den uralten Streit zweier Familien. Respektlos verändere ich die zweite Zeile in „Wie es auch hieße, würde lieblich stechen.“
Aber nur der Duft wird immer wieder als die „Seele der Rose“ bezeichnet, deren Duftpalette groß ist. Und diese „Träume in Duft und Farbe“ – so der Titel eines Rosenbuches – werden mit wohlklingenden oder bedeutenden Namen geschmückt. Einer davon ist „Empress Josephine“ – nach Napoleons Josephine, die in Malmaison eine Rosensammlung anlegte, wie es sie vorher nie gegeben hatte. Gerne würde ich Sie weiter mit vielsagenden Rosennamen unterhalten, aber in den Buchhandlungen liegen diese unzähligen Bücher über Rosen ...Ein paar neue Rosen-Namen könnten etwas Abwechslung bringen – wie *Kleine Stachelfee* oder *Geliebte Kratzbürste,* der letzte ist eine Vereinfachung von Fernando Pessoas „allerkratzigster Kratzbürste“, nachzulesen in seinen „Briefen an die Braut“.

In der christlichen Symbolik steht die Rose in diesem Zeitalter als Sinnbild des Paradieses, als Erinnerung an den verlorenen Garten Eden, nachdem sie aus der Geschichte des Christentums lange verbannt worden war, weil sie als Sündenblume, als große Seelenverderberin, gesehen wurde. Aber am Ende wurde sie doch rehabilitiert. Und hat die Rose keine Dornen, so steht sie auch heute noch für *Unsere Liebe Frau selbst,* , wie sie Stefan Lochner so zart und anmutig in seinem Bild „Muttergottes in der Rosenlaube“ gemalt hat, umrahmt von kleinen Engeln mit blauen Flügeln.

Rose Ausländer hat uns in ihrem Gedicht „Erinnerung an Frau M.“ eine wichtige Variante der Rosen/Dornen Metaphorik hinterlassen, dass nämlich eine Frau unter ihren Dornen, ihrer vermeintlichen Herzlosigkeit, etwas Wichtiges verbirgt: „Heimlich duftete/ ihre Liebe/ die sie mir schenkte/ mit einem Stich.“

Eine Rose ohne Dornen ist deshalb nicht mehr erstrebenswert, erscheint sie doch als eine Perversion der Natur, auch wenn sie gentechnisch machbar wäre. Keine Rose ohne Dornen – das klingt in diesen Tagen wie ein Verteidigungs-Programm. Und blühen auch die stachligen Kakteen nicht erst dann, wenn es ihnen am schlechtesten geht? Aus dem tödlichen Mangel entfalten sie einen unglaublichen Luxus, der eigentlich keiner ist, „nur“ das unübersehbare Zeichen ihrer Überlebenskunst. Ähnliches lässt sich bei den Dornen der Rosen feststellen. Deshalb könnten eine moderne literarische Beschreibung der Rose und auch alle Damenreden ihr besonderes Interesse auch auf die stechenden Teile, auf ihren vermeintlich widersprüchlichen Charakter richten, der dornigen, manchmal blutigen Spur folgen. Und schließlich können Dornen auch dort wachsen, wo sie niemand vermutet. In „Tage des Lesens“ spricht Marcel Proust von kleinen gehäkelten Stolen im Stäbchenmuster, „die über die Lehnen der Sessel ein Gewand aus weißen Rosen breiteten, die offenbar nicht ohne Dornen waren“, da er beim Aufstehen daran hängen blieb.

# Die *Farben* der Kleider – Von den Wurzeln der Welt

Jedes Jahr, am Ende eines immer viel zu langen Winters, wird es in den Schaufenstern der Modegeschäfte immer farbenfreudiger. Wenn in der Natur die Säfte wieder steigen und alle hungrig nach Licht und Wärme sind, wird den grauen, schwarzen und braunen Kleidern der Kampf angesagt. Es ist wie bei den *Städtischen Dionysien,* den Frühlingsfeiern der alten Griechen. Die Farben der neuen Frühjahrsmode versetzen viele Frauen in einen rauschähnlichen Zustand: ein Grund, sich wieder einmal mit der Bedeutung der Farben zu beschäftigen. Auch wenn Goethes Farbenlehre immer wieder in das Schussfeuer der Wissenschaftskritik gerät, so leben die Formulierungen des großen Meisters unbekümmert weiter. „Taten und Leiden des Lichts" nennt er die bunten Farben, Schwarz und Weiß aber die „Repräsentanten der Finsternis und des Lichts".
So viel wissen wir: Dieses Licht und seine elektromagnetischen, kurz- und langwelligen Strahlen, die Farben, beeinflussen uns weit mehr als wir ahnen. Ohne dieses Licht und seine Wärme gäbe es weder Farben noch Photosynthese, also auch nichts Lebendiges. Psychologen und Naturwissenschaftler, haben die Bedeutung der Farben für den Menschen in ihrer ganzen Tragweite untersucht. So aufschlussreich ihre Analysen auch sind, sie genügen nicht, das eigentliche Wesen der farbigen Erscheinungen, ihre besondere Wirkung auf den Menschen sichtbar zu machen. Künstler und die Beschreibungen der Schriftsteller könnten zeigen, welche Möglichkeiten darüber hinaus zur Verfügung stehen, um das wissenschaftlich nicht Erklärbare, das Geheimnisvolle, die immerwährende Faszination in Bildern und Worten deutlich werden zu lassen. Der Maler Paul Cézanne hat es erkannt: „Die Natur ist nicht an der Oberfläche, sie ist in der Tiefe. Die Farben sind der Ausdruck dieser Tiefe an der Oberfläche. Sie steigen von den Wurzeln der Welt auf."

Alle echten Farben sind für uns bunt. Als bunten Vogel sieht sich Nina Hagen, Rocksängerin beeindruckender, gelegentlich schriller Verse, modern und zeitlos zugleich. In ihrem Klassiker „TV-Glotzer" lobt sie die vielen Farben auf dem Bildschirm: „Ist doch alles so schön bunt hier." Die Kinderbuchautorin Astrid Lindgren weiß um die Vorlieben aller kindlichen Seelen und hat dem Haus der munteren Pippi Langstrumpf den Namen „Villa Kunterbunt" gegeben. Bunt ist volksetymologisch von Kontrapunkt hergeleitet, von der Vielstimmigkeit musikalischer Formen. Es soll Menschen geben, die dieses Durcheinander, das Verworrene und vor allem das Unordentliche nicht mögen. Leicht wird es ihnen zu bunt. Nina Hagen hat es erfahren müssen, als sie in ihren Klamotten („schöne lilane Perücke mit großer Bonbonschleife obendrauf") an Berliner Bauarbeitern vorbeilief. „Richtig hassvoll haben die auf meine Osterhasenkleidung reagiert! Haben ihren Staub zusammengefegt und ihren Frust über ihren Scheißjob an mir ausgelassen, als ich so bunt und lustig durch die Straßen fegte." Bunte Vögel sind in den Verdacht geraten, es auch bunt zu treiben. Sagte nicht schon Oscar Wilde, dass die Sünde das einzige echte Farbelement sei, das unserem modernen Leben geblieben ist? Ein anderer englischer Schriftsteller, DH Lawrence, berühmt und berüchtigt durch seinen Roman „Lady Chatterly's lover" gerät in seinem Reisebericht „Mexikanischer Morgen und italienische Dämmerung" in einen rauschähnlichen Zustand bei der Beschreibung der prachtvollen Farben der Frauenkleider einer Prozession auf dem Land:

> Aus diesem Blickwinkel wirkt die rote Geranienfarbe sehr intensiv. Wir sahen den merkwürdigen und sorgfältigen Zuschnitt der formschönen, kleinen Jacken mit ihren mohnroten, malvenfarbigen, violetten und grünen Säumen. Und das Weiß der

> Hemden, das unter dem Jäckchen, an den Hüften aufleuchtete! Die breiten Ärmel bauschten sich, die Zipfel der schwarzen Kopftücher hingen tief über den Rücken: Langsam, ganz langsam wogten die geplätteten Röcke, und die grünen Säume betonten ihr Wiegen. Dazu war dieser breite, üppig juwelengrüne Saum offenbar ersonnen: er sollte die wunderbar schwingende, horizontale Bewegung betonen und dem sanften Zinnoberrot die prachtvoll gemessen demeterhafte Wirkung eines bäuerlichen Aufzugs verleihen, dessen geranienrote und malachitgrüne Farbenpracht uns entzückte.

Lawrence schwelgt in der Pracht der Farben, er lässt sie leuchten und zugleich weit schwingen; er macht die Bewegungen der Kleider sichtbar und hörbar. Doch nichts Ungeordnetes oder gar Anzügliches ist darin zu finden. Der Schmuck der Tracht, die Farben erscheinen als Teil einer alten religiösen Handlung, die immer schon auch einen profanen und sinnlichen Kern in sich hatte, die nicht nur dem Bedürfnis der Frauen (und der Männer), sich zu schmücken und zu gefallen, entgegenkam, sondern auch der Sehnsucht, aus dem Alltag auszubrechen, eine hoch-zeitliche Atmosphäre zu erleben, wobei die Farben eine wesentliche Rolle spielen, weil sie in ihrer Wirkung Qualitäten sichtbar machen, die tiefergehend sind als noch so raffinierte Schneiderkunst; auch sind sie letztlich von der Mode unabhängig.

Einen anderen, scheinbar leichtfüßigen Umgang mit Farbe finden wir in der bunten Welt von „Kunstmaler Kurt Schwitters, Dichter von Anna Blume und Schnauze Bauze“. Vorurteilslos, witzig, sich von vielen Zwängen befreiend, hat er sein Gefallen an Farben zu Papier gebracht – in Form von Gedichten und Collagen. „Anna Blume“ ist nur ein Beispiel für Schwitters dadaistische Spielfreude: „Blau ist die Farbe Deines gelben Haares / Rot ist das Girren Deines grünen Vogels.“ Es ist ein fröhlicher und mutiger Appell an die Macht der Phantasie in einer schrecklichen Zeit. Der Spaziergang durch die farbigen literarischen Landschaften zeitigt Einsichten, die sich von den Objekten der Wahrnehmung entfernen oder sie verändern. Die Farbgebung erweist sich als bedeutender als zunächst gedacht, das Element des Zufalls wird zurückgedrängt. In einem Haiku des japanischen Dichters Bashô klingt es so:

CHRYSANTHEME, WEISS
DIE AUGEN TRIFFT IM ANSCHAUN
KEINE SPUR VON DUNST

Es liegt nah, zunächst die Farbe des Lichts näher in Augenschein zu nehmen. Wenn wir wieder unsere schwarzen, braunen und grauen Kleider anziehen und uns am liebsten in den Winterschlaf zurückziehen würden, verordnet der Arzt gelegentlich eine Lichttherapie. Jetzt wäre auch der Zeitpunkt für ein Weiß gekommen. Wie frisch gefallener Schnee könnte es die dunklen Farbtöne, die innere Unruhe, diese mit der Dunkelheit zunehmend düsteren Gedanken, gnädig zudecken. Die Erinnerung an weiße Sommerkleider scheint dieser Sehnsucht zu entsprechen. Sie hinterlassen eine helle Spur in der Literatur. In ihrer poetischen Erscheinung sind sie den roten und den schwarzen Kleidern vielleicht sogar überlegen, und entsprechend häufig werden sie beschrieben. „Liebste, der Lufthauch spricht / von deinem lichten Kleid“, dichtet der Spanier Antonio Machado in den „Soledades“. Sie leuchten mit der Wärme und Helligkeit der Sonne in unsere dunkleren Zeiten, weil sie die Leichtigkeit und das Glück des Sommers gespeichert haben. Als die dreizehnjährige englische Schriftstellerin Virginia Woolf um den plötzlichen Tod ihrer

Mutter trauert, wird sie von dem Gedanken beherrscht, dass alles vorbei sei; nie mehr würde sie „das Rascheln strahlend weißer Sommerkleider“ vernehmen. In diesen Momenten werden die weißen Kleider zu Symbolen der Geborgenheit, ihr Verlust zeigt den schrecklichen Fall aus dem Schoß der Familie; was bleibt, ist eine unstillbare Sehnsucht, das Bewusstsein des verlorenen Glücks. Auch in den Träumen der Schlafenden erscheinen sie. Hermann Hesse schreibt in „Demian“:

> Mitten in der Nacht erwachte ich, fühlte noch den Nachgeschmack der Seligkeit, sah noch die weißen Sommerkleider meiner Schwestern in der Sonne schimmern und fiel aus dem Paradies zurück in das, was war, und stand dem Feind mit dem bösen Auge wieder gegenüber.

Doch Reinheit, Unschuld und das Paradies scheinen ein finsteres Pendant zu haben. Durch seine starke Symbolik lebt Weiß mehr vom Gegensatz als die meisten anderen Farben.
Der Roman von Javier Marias „Mein Herz so weiß“ ist nicht ohne Grund mit eben diesem Titel zum Erfolgsroman geworden. Der Berliner Korrespondent der spanischen Tageszeitung ABC schreibt im August 1996, der große Erfolg sei auf diese besondere Mischung von Gut und Böse in diesem Roman zurückzuführen. Ihre Ambivalenz wird in dem Shakespearezitat ausgedrückt, das dem Titel zugrunde liegt: „Meine Hände/sind so blutig, wie die deinen; doch ich schäme/Mich, dass mein Herz so weiß ist.“
Dieses „Miteinander“ hat zu unserem Erstaunen leichter zu lesende Romane von den ersten Plätzen der Bestsellerliste vertreiben können. Als Grund erklärt José Manuel Costa die Mischung von Intellekt und Donjuanismus. Dies sei eine „faszinierende Kombination für die deutsche Mentalität“. Die Sicht auf die Farbe Weiß ist so

erstaunlich reizvoll, wie sie widersprüchlich ist.
Weiße Zähne haben Hochkonjunktur, weil sie so sauber und unschuldig lächeln. Das entspricht der alten Symbolik, die mit der Farbe Weiß einhergeht. Doch ist Weiß nicht eigentlich ein Mischakkord, der zu den Grautönen gehört und keineswegs die Farbe des Lichts? Das muss unsere klassischen Vorstellungen von Reinheit und Unschuld erschüttern. Weiß kann so leicht zu etwas anderem werden, es lebt auf vor einem dunklen oder kontrastreichen Hintergrund. Auch kann es Schmutz anziehen wie ein Magnet. Umso mehr leuchten die weißen Schultern und der weiße Hals der Geliebten – besonders in der bildreichen Sprache der Barockdichter. Die Schrecken des Krieges und das Wissen um die Vergänglichkeit hatten nicht nur den Blick für das Wesentliche, das Jenseits geschärft, sondern auch für die sinnlichen Freuden „hier und heute". Während lange die sonnengebräunte Haut die Gunst der Stunde hatte, bis das Wissen von den verheerenden ultra-violetten Strahlen die Runde machte. war es damals die bleiche Marmorschönheit der Antike. Doch unter weißer Kühle und Glätte können Feuer schwelen. Vergeblich sucht Christian Hoffmann von Hoffmannswaldau in seinen Versen „Auff ihre schultern" nach einem passenden Vergleich: weder Schnee noch Elfenbein, Schwan, Alabaster oder Lilie können sich mit diesen Schultern messen, „Muß Atlas und sein hals sich vor dem himmel biegen/ So müssen götter nur auf deinen schultern liegen."

Höher hinaus kann ein Weiß nicht kommen.

## BLUTSTROPFEN ODER ROT LIEBE ICH DIR

Das Feuer unter der weißen Glätte lenkt den Blick auf diese andere Farbe: In der Dramaturgie des großen Auftritts spielt Rot eine Hauptrolle. Natürlich folgt Schwarz dicht auf den Fersen, vielleicht nur um eine Haaresbreite, um eine Zehntelsekunde. Gelegentlich wird Rot von Schwarz überholt, Schwarz ist geheimnisvoller und kaum weniger leidenschaftlich, aber eine Leidenschaft, die sich meist bedeckt hält. (Über Ausnahmen wird ausführlich in dem Essay „Schwarze Kleider" gesprochen.) Die Farbe Rot dagegen ist von einer Art, der man sich nicht entziehen kann, auch ist sie unmittelbar wahrnehmbar. Allenfalls ein dunkles Weinrot dürfte sich hinter den Kulissen abspielen; es kann so elegant wie anrüchig sein, besonders wenn es sich um Samt handelt.

Von Marlene Dietrich, die wie wenige andere ihre Schönheit in Szene setzen konnte, ist der Ausspruch überliefert: „Ein Mann wird sich immer an eine Frau in einem roten Kleid erinnern." Sie selbst trug diese Farbe nicht. Darüber können wir Mutmaßungen anstellen; wahrscheinlich war ihr diese Farbe nicht raffiniert genug, zu deutlich in ihrer Aussage. Die Künstlerin Louise Bourgeois jedoch, deren Lieblingsfarbe Blau war, wies Rot eine besondere Bedeutung zu, die sie auch für ihre künstlerische Aussage benutzte – als die Farbe der Selbstbehauptung.

Außerhalb der Konkurrenz läuft das natürliche Rot-Zeichen von Zorn, Aufregung, Schüchternheit oder auch von Jugend, Vitalität und Gesundheit und – nicht zuletzt- von Verliebtsein. „Sie wusste, wenn sie von innen her erglühte, wenn einer sie illuminieren würde, sprängen die grauen Hülsen, sie könnte aussehen wie Botticellis Frühling", schreibt Renate Schostak in „Niedere Gangarten". Erröten macht schön, manchmal kann ein wenig nachgeholfen werden. In der Verfilmung von Jane Austens „Sinn und Sinnlichkeit" kneift sich eine junge Frau kräftig in die Wangen, um ein solch kleidsames Rot hervorzurufen.

Rot hat – wie alle Farben – viele Schattierungen, und entsprechend unterschiedlich ist die Wirkung. Je nachdem, wie viel Blau,

Gelb oder auch Weiß diesem Rot zugefügt wird, entscheidet über die Folgen; auch kann es auf den Magen schlagen. Friederike Mayröcker hat dies in Worte gefasst: „Steigerungen ins Rote, eine erregte erregende Farbe, ein Spanischrot oder Goyarot, eine Farbe, die mir nicht sonderlich bekommt, weil sie leicht ins Grün überspringt, mir ein Grün vorgaukelt, die Blumendolden am Fensterbrett." Die Belästigung „durch ein Rot, das ein Grün vorgaukelt" ist etwas, das wir meinen zu verstehen, aber wohl doch nur ahnen. „Komm an meine grüne Seite" meint im Volkslied jedenfalls die Seite, wo das Herz sitzt, und das ist bekanntlich rot; die Vorzüge dieser Herz-Farbe weiß diese Schriftstellerin durchaus zu schätzen. In ihrer „Reise durch die Nacht" überlässt sich Friederike Mayröcker nur allzu willig der Führung durch das rote Blut, das durch ihre Adern fließt. Sie zieht diese leuchtend-roten Samthosen an, die sie Goyahosen nennt, und lässt sich von dieser Farbe „überschwemmen".

Purpurrot aber ist die Farbe der Könige. In der Bibel lesen wir von der Kostbarkeit dieses Farbtons, der aus dem Saft der Purpurschnecke gewonnen wurde. Zehntausend dieser Meerestiere mussten für ein gutes Gramm Farbe ihr Leben lassen. Später wurde diese Farbe auch künstlich hergestellt. Vorher aber durften neben Königen nur Kardinäle und hohe Beamte sich in echtes Purpur hüllen. Und deshalb trug das Admiralsschiff der Kleopatra ein leuchtendes purpurnes Segel. Rot sind auch die schweren Samtvorhänge in vielen alten Theatern und Opernhäusern. Wir denken an Glanz und Gloria und schmetternde Trompetenklänge, Theaterdonner eben! Die Welt als Bühne und als Schein.

Rot kann eine Farbe sein, die eine Einladung zum Anfassen ausspricht, sie ist dann ausgesprochen „handfest", eine Farbe, die Lebensfreude ausdrücken kann, Wärme ausstrahlt und eine ansteckende, positive Vitalität. Unvermittelt kann diese Farbe

umschlagen, aggressiv und böse wirken; es fasst uns an mit harter Hand, wird zur tödlichen Farbe des Scharfrichters. Friederike Mayröcker spricht von roten Kleidern, die „wie Blutstropfen an den Schranktüren hängen“, und hochdramatisch ist dieser „weite Rock mit dem Todesrot, zu dem die Trommeln hätten gerührt werden müssen“, in Ingeborg Bachmanns Erzählung „Ein Schritt nach Gomorra“. Rot spielt auch eine Rolle in den bedrückenden Vorahnungen der Bettine von Arnim vom Schicksal ihrer unglücklichen Freundin, der Dichterin Caroline von Günderode. In „Goethes Briefwechsel mit einem Kinde“ heißt es: „Und im Scherz beschrieb ich sie, wie sie sich umbringen werde im roten Kleid, mit aufgelöstem Schnürband, dicht unter der Brust die Wunde; das nannte man tollen Übermut von mir, es war aber bewusstloser Überreiz, indem ich die Wahrheit vollkommen genau beschrieb.“ Wenn das Rot der Wangen eine Folge des Fiebers ist, spiegelt es Gesundheit vor und ist doch ein Zeichen von Krankheit. Jean Cocteau hat in seinem, mit feinen Zeichnungen von ihm versehenen Gedicht „La Gondole des morts“ folgende düstere Zeilen über die rasch wechselnde Mode geschrieben: „Die Mode stirbt jung. Das verschafft ihr dieses lebhafte Feuer, der roten Rose gleich, welche die Tuberkulose auf die Wangen ihrer Opfer legt.“ Die brennende Hitze der Farbe, welche die „Mode und blinder Stolz des ewig Weiblichen“ in die Falle der Liebe und des Todes hinabsteigen lässt. Rot wird in solchen Texten zu einer grausamen, vernichtenden Farbe, zu einem Aspekt einer alles verschlingenden Weiblichkeit. Die rote Farbe als Lockvogel und Täuschungsmanöver.
Die Farbe Rot scheint vorwiegend weiblich zu sein, doch auch viele männliche Ausdrucksformen sind zu entdecken! Besonders auffällig ist das Rot der spanischen Stierkämpfe; assistiert von Schwarz und gelbem Gold bestimmt es die ekstatische Stimmung dieses archaischen Schauspiels, das Ritual der Vernichtung: Glut

und Staub und Blut; das Rot der Tribünen, der gelbe Sand der Arena, die schwarze Kappe des Toreros und das rote Tuch, mit dem er das mächtige schwarze Tier reizt und mit Hilfe der Picadores verwundet und in den Tod treibt. Der Stier als ehedem heiliges Tier, Inbegriff männlicher Kraft, dessen Blut getrunken wurde, dessen Hoden zur Stärkung der männlichen Zeugungskraft immer noch gegessen werden. Eine Stierkämpferin hat es in dieser Domäne der Männer noch schwerer als eine Frau in der Führungsspitze von Unternehmen. Es ist ein Eindringen in das Allerheiligste des Machismo. Ohne Rot sind diese Szenen nicht vorstellbar.

Eine besondere Variante entsteht, wenn Rot mit Weiß gemischt wird, Himbeerwasser mit Sahne, eine Farbe für kleine Mädchen; lebendige, Fleisch gewordene Weiblichkeit Ein Mann in Rosa ist immer noch eine gewagte Vorstellung, von rosa Höschen ganz zu schweigen. Von einem rosafarbenen Oberhemd ist in Peter Rühmkorfs Tagebuch die Rede. Am 2.Januar 1991 sah er bei einem Zahnarztbesuch „einsame Yuppies paffend, rosa Hemd“. Rosa scheint jedoch keine literaturfähige Farbe zu sein, weil sie nicht ganz ernst zu nehmen ist, auch ist sie kitschverdächtig. Eine mögliche Erklärung habe ich bei Fernando Pessoa gefunden, die auch viel über ihn selbst preisgibt. Er schreibt über ein rosafarbenes Band, das beim Schließen der Schublade mit eingeklemmt wurde. „Ein rosa Band, ich mag die Farbe nicht, aber das eingeklemmte Band, so wie ich das Leben nicht mag und es doch gerne fühle.“
Ist Rosa gerade modern, ist natürlich wieder mehr möglich. Aber dafür braucht es seine Zeit. Für solche allzu modische Äußerlichkeiten, den schnellen Wechsel, fühlt sich die gehobene Literatur meist nicht zuständig, sie möchte mehr als den Zeitgeist in oberflächliche Worte fassen, deshalb legt sie sich Beschränkungen

auf, ob zu ihrem Nutzen oder Schaden sei dahingestellt. Außerdem gibt es für die vergänglichen Erscheinungen jene zeitgemäßen Magazine, Beilagen ehrwürdiger Tageszeitungen, die nach dem Motto schreiben *up up and away* und die so unbekümmert uneigentlich schreiben dürfen. Und so wissen wir: Sollte eine rosa Hose bei Männern auch nicht avantgardistisch sein, kann sie doch zumindest brave Bürger schockieren, Gewohnheiten durcheinanderbringen. Shocking Pink. In Verbindung mit Plastik bekommt es noch eine besondere Dimension. Vor allem die von vielen Mädchen geliebte Puppe Barbie schätzt diese Farbe besonders.
Dem Amerikaner John Updike gelingt es, in „Morgen und morgen und so fort" einen rosafarbenen Pulli zu beschreiben: „Mark dachte, ob Gloria Anstrom heute wieder diesen glühendrosa Angorapullover anhatte, den mit den knappen Ärmeln. Eigentlich war er ärmellos, und das war das Beunruhigende daran: die Nacktheit dieser beiden heiteren Arme, die sich weiß wie Schenkel von der zarten Wolle abhoben."
Es muss wohl glühendrosa sein, wenn diese Farbe bleibende literarische Qualität erlangen soll.

## EINE GRÜNE PLASTIKTÜTE

> Grün, grün, grün sind alle meine Kleider, grün, ja grün ist
> alles, was ich hab, darum lieb ich, alles was so grün
> ist, weil mein Schatz ein Jäger ist.

Die einfache Psychologie des Volkliedes ist nicht zu widerlegen und schlägt alle noch so ausgeklügelten Erklärungen von Farbtherapeuten und anderen Fachleuten für menschliches Verhalten.
In der Natur dominiert diese Grundfarbe alle anderen Farbtöne, es wird ihr eine beruhigende Wirkung nachgesagt. Grün durch-

wachsen sind die Erinnerungen, die Hans Sahl mit seiner Geburtsstadt Dresden verbinden. In „Memoiren eines Moralisten“ beschreibt er einem Arzt die Erlebnisse eines Heranwachsenden. Er spricht von den feucht gewordenen Haferkörnern, die ihre grünen Halme durch einen Sack stecken, während im Garten grüne Schmetterlinge um die Schaukel flattern. Dem Mediziner kommt dies bedenklich vor: „Seit wann sehen Sie grüne Schmetterlinge?“ fragte er und spitzt seinen Bleistift. Ich erkläre ihm, dass Grün meine Lieblingsfarbe ist. Grün sind auch die Augen des Schriftstellers und grün die „Patina der Gewölbe und Kuppeln der Stadt, grün die Gesichter der Massenmörder im Wachsfigurenkabinett auf der Vogelwiese, grün ist das Samtkleid der Schneiderin“... „von der Schneiderin ging ein eigentümlicher Geruch aus, der mich erregte.“ Der Junge beobachtet, wie die langen Beine der Frau im Nebenzimmer die Nähmaschine treten: „Endlich stand sie auf, kam zu mir herüber und gab mir einen Kuss auf den Mund, sie atmete schwer, und ich sah einen dunklen, feuchten Fleck auf dem grünen Velours unter der Achselhöhle.“ Wir begreifen, warum es nur Grün sein konnte, von jener beruhigenden Wirkung ist jedoch nichts mehr übriggeblieben.
„Grün wie ich dich liebe, grün ...“ schreibt Federico Garcia Lorca in seiner bekannten „Romance sonámbulo“, grün sind die Haare und das Fleisch der träumenden jungen Frau, und auch der Wind und die Zweige sind grün – aber die Augen des Mädchens sind aus kaltem Silber. Das Unglück nimmt seinen Lauf, die betrunkene „Guardia Civil“, die Polizeitruppe des Diktators, schlägt laut an die Tür. Lorca sollte später durch die Kugeln der „Guardia Civil“ sterben. In dieser „Schlafwandlerballade“ kommt das Wort „grün“ vierundzwanzigmal vor, so dass dieses Gedicht fast wie eine Litanei klingt. Grün rangiert bei Lorca weit vor Rot, dann kommt Gelb – lange vor allen anderen Farben. Seine Zeichnungen sind

farbige Gedichte und seine Gedichte sind mit dem Auge des Malers geschrieben, vielleicht gefallen sie uns deshalb so gut. In alten Märchen begegnen wir dem Froschkönig. In unserer Vorstellung könnte dies ein schöner Laubfrosch sein – von einem glänzenden fetten Grün. Fast könnte man dieses Tier für ein Kunstprodukt halten, aus glattem Latex wäre es vorstellbar … Genau besehen scheint uns der Laubfrosch ein modernes Tier, fast könnte er die Schöpfung eines begabten Stilisten sein. Letztlich ist er natürlich unnachahmbar in seinen feinen Schattierungen mit den zarten Äderchen und dem pochenden kleinen Herzen … Dieses helle Grün scheint eine moderne, starke Farbe zu sein, frisch wie Maiengrün und wie die Kunststoffschuhe von … Die Natur könnte neidisch werden auf den Erfolg ihrer frechen Imitate. Eine Liebesgeschichte von Keto von Waberer trägt den Titel „Die heimliche Wut der Pflanzen“. Hier verliebt sich ein Mann in eine Frau, obwohl sie dieses grünes Kleid trägt:

> „Ja, ich erinnere mich an das Kleid. Ich hatte es aus New York mitgebracht. Ich trug grüne Schuhe dazu, Schuhe aus grüner Eidechsenhaut. Mein Froschkönigskleid. „Schrei nicht!“, sagte ich. „Das Kleid war …“ „Es war scheußlich, du sahst aus wie eine grüne übervolle Plastiktüte, aber du warst so …so dreist, so unverschämt.“

Grün ist eine freche Farbe. Eine endgültige Erklärung dafür gibt es wohl nicht, aber es lassen sich Vermutungen darüber anstellen, welcher Nerv der Zeit von dieser Farbe so besonders getroffen wird. Vielleicht hat es mit Frische, mit Unreife zu tun. Zugleich beruhigend und von freundlicher Naivität und Fröhlichkeit kann ein Grün – außerhalb der natürlichen Umgebung – plötzlich mit etwas mehr Gelb wie eine Herausforderung wirken und in die

Augen stechen und ist zu einer „Krawallfarbe“(Rühmkorf) geworden. In der Verbindung mit Kunststoff wird eine solche Farbe zu einer lauten und schamlosen Allianz. Eine gewisse Anziehungskraft lässt sich nicht leugnen. Diese Farben sind ein wesentlicher Teil unserer Pop-Kultur: Ein kleines Teufelchen, wahrscheinlich ist es ebenfalls grün und einer Heuschrecke ähnlich, schaut über die Schulter. Auf dem Gemälde von Hieronymus Bosch „Das jüngste Gericht“ können wir ihre Vorläufer in Augenschein nehmen.

Aber es kann noch mehr sein: Dieses Grün hat es in sich. Ein junger deutscher Modeschöpfer, dessen Name mir leider entfallen ist, nennt es die Farbe der „Maske hinter der Maske“ und erinnert an Catherine Deneuve in Bunuels „Belle du Jour“. Es ist eine geheimnisvolle Farbe, tiefgründig, nervig. Je dunkler, desto stiller. Je heller, desto mehr Lärm. Hinter der lauten Maske steht etwas anderes, das erst später zur Wirkung kommt. Herta Müller spricht in ihrem Roman „Heute wär ich mir lieber nicht begegnet“ von einer grünen Bluse, die noch wächst. Vielleicht ist ein bestimmtes Grün deshalb so modern. Es ist eine Farbe, die noch nicht angekommen ist, blutjung, mit ziehenden Wachstumsschmerzen, die Farbe der Pubertät, des mühseligen Erwachsenwerdens, das sich über viele Jahre hinziehen kann, Ausdruck einer Zeit, die nicht ankommen will und kann.
Moosgrün dagegen ist eine sanfte Farbe und nur deswegen kann Friederike Mairöcker noch in hohem Alter die folgende Zeile als Titel über ihre letzte Dichtung setzen: „wenn ich morgens und moosgrün. Ans Fenster trete.“

## DER REINEN WOLKEN UNVERHOFFTES BLAU

Blau erscheint auf den ersten Blick ein wenig altmodisch. Es riecht nach Lavendel in Großmutters Wäscheschrank. Aber es gibt viel mehr zu entdecken! Farbpsychologen sagen, dass Kreativität sich in blau gefärbter Umgebung besser entfaltet als in roter; die Vorliebe für Blau wird als das Verlangen nach Ruhe und Frieden interpretiert. Der Dichter Novalis hat mit seiner blauen Blume die Sehnsucht nach der Unendlichkeit ausgedrückt, sie ist zum Symbol der romantischen Poesie geworden. Die jüdische Schriftstellerin Else Lasker-Schüler beweint die zerbrochene „Klaviatür" ihres blauen Klaviers, das verstummt ist, „ seitdem die Welt verrohte" – das blaue Klavier als Relikt aus glücklichen Zeiten, als noch ein fröhliches Klingen in der Welt war. Es sind Tränen über den Verlust der leichtfüßigen und empfindlichen, der verzauberten Welt dieser Schriftstellerin.

Die kräftig blauen Kleider sind selten geworden – es sei denn, die Farbe ist gerade Mode geworden. Scheint diese Farbe nicht auch ein wenig kühl und abweisend, signalisiert die blaue Farbe möglicherweise eine kalte Intelligenz; wirkt noch der Blaustrumpf längst vergangener Zeiten in unseren Vorstellungen nach? Gar als die Farbe der Arbeiterkleidung, an den „Blaumann"? Wohl nicht ohne Grund wird ihr nachgesagt, dass sie der Liebe feindlich sei. Als Farbe von Blumen und Früchten, Kornblumen und Pflaumen, von Weintrauben auf Stillleben scheint sie eher wert, beschrieben zu werden. Nicht viele literarische Zeugnisse lassen sich finden, welche diese Farbe zum Thema gemacht haben. Bei Stefan George heißt es „Der reinen Wolken unverhofftes Blau" und bei Fontane lesen wir von diesem blau-weiß gestreiften weiten Kleid mit großem Kragen, das Effi Briest an jenem Tag trug, als sie sich mit von Instetten verlobte. Obwohl dieses Kleid vom Schaukeln zerknittert war, meinte die Mutter, sie brauche sich nicht umzuziehen, ihre Natürlichkeit sei gerade recht. Bekanntlich sollte diese Ehe tragisch enden. Was wäre geschehen, wenn Instetten damals ein Mädchen in einem roten Kleid mit tiefem Ausschnitt zu Gesicht bekommen hätte? Er hätte sie wohl nicht geheiratet! Und sie hätte ihn auch nicht gewollt, denn wenn sie sich damals so kleidete, wäre sie eine andere Frau gewesen. Heute sieht das anders aus! Ein Stück weiblicher Emanzipationsgeschichte *in nuce*. Da soll einer sagen, Fontane hätte mehr von Landschaften als von weiblichen Äußerlichkeiten verstanden! Er wählte dieses blau-weiß gestreifte Leinenkleid, damit das Verhängnis seinen Lauf nehmen konnte. ..

Blau kann Unschuld bedeuten, den Eindruck von Sauberkeit verstärken. Es kann auf Distanz gehen, eine Farbe für Krankenschwestern und Uniformen. Wir betrachten den blauen Streifen in der Haube der Mutter Teresa, die blaue Einheitskleidung des maoistischen China, Stewardessen und das Blau der klassischen Niveadosen. Aber Blau kann auch eine ätherische Farbe sein, vergeistigt, Bewusstsein spiegelnd und den Himmel; es ist die Farbe der Treue – Vergissmeinnicht, Vertrauen weckend. Wenn Blau leuchtet, wird es unwiderstehlich und zu einer klaren, echten Farbe, die von Wahrheit und Harmonie, von der Anziehungskraft der Lüfte und des Luftigen spricht. Strahlende blaue Augen verfehlen niemals ihre Wirkung. Und so schreibt Fernando Pessoa:

> Du Haupt mit mattgoldenem Haar,
> Mit Augen wie der Himmel so blau.
> Wer lehrt dich den Zauber, fürwahr,
> Daß ich mein Selbst nicht mehr schau?

Hätte der portugiesische Dichter Julian Barnes lesen können, hätte er sich nicht so verlieren müssen. Dieser scharfsinnige Engländer hält nichts von Farbgebungen für Augen. „Romanciers dauern mich, wenn sie Frauenaugen erwähnen müssen. Wie kommt man da raus, ohne einen ganzen Sack voller Andeutungen über den Charakter der Dame mitschleppen zu müssen?“ Auch dieser Versuch über Farben könnte unter dem geschätzten englischen Blick zum Eiertanz werden. Ist es vielleicht blauäugig, mit Hilfe der Literatur einen alten neuen Blick auf die Welt der Farben zu werfen, ihre Tiefgründigkeit zu erkennen? Doch schließlich hält die Neugierde aufrecht.
Zum guten Schluss sollen noch die folgenden Zeilen aus der „Hochzeit des Lichts“ (Albert Camus) zitiert werden:

> Immerhin erinnere ich mich an ein großes prachtvolles Mädchen, das den ganzen Nachmittag getanzt hatte. Es trug eine Halskette aus Jasminblüten über seinem engen blauen Kleid, das von den Hüften bis zu den Beinen schweißnass war. Es lachte beim Tanzen ... Meine Vorstellung von Unschuld verdanke ich solchen Abenden. Seitdem vermag ich diese von heftigen Leidenschaften erfüllten Geschöpfe nicht mehr zu trennen von jenem Himmel, an welchem ihre Begierden kreisen.

Dieses Blau, behaupte ich, hat Camus nicht zufällig gesehen und beschrieben. Bei keiner anderen Farbe hätte er in dieser Form von Unschuld und Leidenschaft sprechen können. Und so hat er diesem Buch über seine Heimat Algerien den Titel *„Hochzeit des Lichts“* gegeben. Das Kleid dieser Vermählung ist so blau wie der Himmel der Mittelmeerländer und wir kehren zu Cézannes „Wurzeln der Welt“ zurück.

# *Haare* – Gedanken über ihre Unsterblichkeit und auf welche Weise die Literatur hierzu beigetragen hat

Viele Zeilen sind über Haare geschrieben worden, schöner als ich es mir habe träumen lassen; besonders natürlich über lange Haare, über die „große Mähne“ – in längst vergangenen Zeiten auch eine Zierde des Mannes, das Zeichen seiner Lebenskraft. Lange Haare waren damals ein Vorrecht der Freien – und der Jungfrauen. Später wurden jenen Frauen, die als Hexen galten, Kopf- und Körperhaare geschoren, um ihre vermeintlich bösen Kräfte zu brechen. Kulturgeschichtlich gesehen ist der Verzicht auf lange Haare deshalb kein Zeichen von Befreiung, sondern von Unterwerfung, was immer auch heute daraus gemacht worden ist.

Der kahle Kopf eines Menschen vermittelt zunächst Schutzlosigkeit, er lässt an junge, gerade geborene Tiere denken und an nackte Schafe, die ihres Winterpelzes beraubt, im späten Frühjahr frieren. Mit Entsetzen sehen wir Fotografien von Männern und Frauen, denen gegen ihren Willen die Köpfe kahlgeschoren wurden. Sie verdeutlichen die Rachegefühle der Täter, die Hilflosigkeit der Opfer und den Verlust von Schönheit und Stärke, wie sie in der Wertschätzung der Haare von jeher zum Ausdruck kommt. In der Trauertradition Nigerias gibt es heute noch die Sitte, dass Witwen die Köpfe kahl rasiert werden, um damit den Verlust ihres Mannes sichtbar zu machen, was vielen Frauen heute ein Dorn im Auge ist. Und in unseren Breiten gibt es zunehmend junge Männer, aber auch junge Frauen, die sich freiwillig die Haare abrasieren, weil es Aufmerksamkeit erregt, manchmal auch eine politische Gesinnung ausdrückt. Rasierte Köpfe sind in Mode gekommen; manchmal verdecken sie nur eine beginnende Glatze. Der ungeschützte Kopf kann hilflos oder auch aggressiv auf diejenigen wirken, die nicht dazugehören. Und in manchen Gruppen scheinen sie Opfer und Täter zugleich zu sein; mit Verachtung strafen sie die Umwelt, die falschen Ideale, die Bürger.

Eine ganz andere Wirkung haben jene Glatzen, die das natürliche Produkt einer familiären Veranlagung sind, modern ausgedrückt: sie sind genetisch vorprogrammiert. Bei diesen ist meist ein Rest von Haar in einem schönen Kranze stehen geblieben , welcher der Männlichkeit beileibe keinen Abbruch tut. Wer denkt nicht an „Liebling Kreuzberg“ oder den französischen Schauspieler Michel Piccoli und an diesen einen Mann ... Solche Glatzen laden zum Streicheln ein. An dieser Stelle kommt mir, ich weiß nicht warum, das alte Lied, das meine Großmutter so gerne sang, in den Sinn: „An meiner Ziege, da hab ich Freude, sie ist ein wunderschönes Tier. Haare hat sie weich wie Seide, Hörner hat sie wie ein Stier ...“.

Haare sind ein Teil des Menschen und doch ohne körperliche Schmerzen abzuschneiden. Sie liegen wie Papierschnipsel auf dem glatten Boden des Friseursalons, als wäre es *kein Stück von mir.* Mit Bedauern erheben sich Frauen und auch Männer aus dem Sessel des Friseurs, als ob sie etwas Lebendiges zurücklassen würden ...im Abfalleimer des Meisters, dessen Künste so wichtig für das Selbstgefühl des modernen Menschen geworden sind. Die Traurigkeit über die zurückgelassen Haare wird durch das euphorische Gefühl verscheucht, ein neuer und schönerer Mensch geworden zu sein. Im besten Fall haben die Friseure, die Haarstylisten oder wie sie sonst heißen mögen, ihnen zu einer Frisur verholfen, die ihre Persönlichkeit besser zum Ausdruck bringt und den Älteren das Gefühl vermittelt, jünger geworden zu sein. Um diese Möglichkeiten müssen sie alle Seelenärzte beneiden. „Der wahre Psychoanalytiker der Frauen ist ihr Friseur“, sagt der italienische Schriftsteller Ennio Flaiano, und deshalb ist das Verhältnis der Frauen zu ihrem Friseur ähnlich kompliziert wie ihre Seele. Jahre später muss festgestellt werden, dass mehr Frauen als Männer in diesem Beruf tätig sind. Und so ist es doch erfreulich, dass es so viele Psychoanalytikerinnen

in unseren Friseursalons gibt; sie werden immer mitgedacht.
Nun kommt der Friseur in der Literatur zwar gelegentlich vor, aber nicht so oft, wie zu erwarten war. Wo er doch diese wichtige Stelle im Gefühlsleben vieler Menschen einnimmt! Wie oft lässt sich der Durchschnittsbürger seine Haare schneiden, und welche Bedeutung hat dieser Akt für viele Menschen angenommen! Umso verwunderlicher ist es, das seine Tätigkeit nicht noch häufiger beschrieben wird. Las ich nicht diese schreckliche Zeitungsmeldung, dass ein junger Mann in einer französischen Kleinstadt seine Mutter erschoss, weil sie ihn zum Haareschneiden gedrängt hatte und er über das Ergebnis so wütend war, dass er auch seinen Vater, der den Streit schlichten wollte, in die Brust schoss. Der Friseur hat dieses Mal noch Glück gehabt.
In Eva Demskis „Afra“ bildet ein Friseursalon den Hauptschauplatz des Romans. Für die Bewohner der Grafenstraße bedeutet der Salon von Maja Weishäupl das „Tor zur Welt“; in seinen Wänden spielen sich menschliche Tragikomödien ab. Aber dieser Ort kann noch viel mehr sein: Ein früher Film von Karl Valentin, an dem er zusammen mit Bert Brecht gearbeitet hat, trägt den vielsagenden Titel „Über die Mysterien des Friseursalons“ und kann heute wieder im Netz angeschaut werden. Dieses geheimnisvolle Wirken der Friseure hat in unserer Gesellschaft einen hohen Stellenwert: in den einfachen Vorstadtsalons genauso wie in den Kleinstädten, in denen die Atmosphäre einer angestrebten Modernität herrscht, milde belächelt von den Großstädtern, bei denen dic anstrengende neue Zeit den Ton angibt. Die Friseurgeschäfte in den Großstädten, aber auch in der Provinz, haben ihre altmodischen Ladenqualitäten längst hinter sich gelassen. Kein silberner Teller als Wahrzeichen der Friseurinnung hängt mehr neben der Eingangstür. Das Styling im Schaufenster ist unübersehbar modern und sieht von weitem einer Galerie für moderne Kunst täuschend ähnlich. Nur in den Auslagen

der arabischen Friseurläden, in denen meist nur Männer und Knaben bedient werden, ist noch etwas von der alten Zunft sichtbar. Doch was in den anderen Schaufenstern zu sehen ist, entspricht den modernen Frisuren von Männern und Frauen, die ihr Aussehen dem Wirken der zeitgeistigen Haarkünstler verdanken. Hinter jeder Frisur steckt ein Friseur. Es soll zwar Leute geben, wahre Außenseiter, die sich ihre Haare selber schneiden, auch wenn sie sich einen Haarschnitt leisten könnten! Dies kommt einer kleinen Revolution gleich. Dies klingt nach einer Übertreibung, aber gar so abwegig ist es nicht. Es ist ein schlichter Aufstand gegen die Zwänge des Alltags und ein Zeichen von Unabhängigkeit oder gar einer stabilen Psyche. Zudem kann der Friseursalon auch ein Ort meist stillen Leidens sein, nur gelegentlich äußert sich Protest gegen Torturen, die man nur in der Hoffnung auf das schöne Resultat erträgt. „Sie hatte das Gefühl, als wäre ihr Kopf unter der Haube schon ganz ausgetrocknet und zerkocht und mit glühenden Haarnadeln übersät" ist bei der italienischen Schriftstellerin Natalia Ginzburg (in „Schütze")zu lesen. Da kann es vorkommen, dass eine Frau sich entschließt, nie mehr einen solchen Ort zu betreten. Wenn aber die Friseurgeschäfte wegen Corona schließen müssen, kann es vorkommen, dass Kunden die Friseure zu bestechen versuchen, um an einen Haarschnitt zu kommen.
Um ein besonderes Phänomen handelt es sich bei den Männern mit langen Haaren. Auch sie entziehen sich dem regelmäßigen Zugriff der Friseure, einem Ritual, dem sich heute fast alle Männer nolens volens unterworfen haben. Sie sind einen Exkurs wert, entbehren sie doch nicht einer gewissen Anziehungskraft. Lange Haare gelten heute unbesehen als Kennzeichen der Weiblichkeit. Hier aber weisen Körper und Gesicht des Mannes auf seine Männlichkeit hin, das kann diese besondere Spannung erzeugen. Wir sehen prachtvolle Haare, eine wahre Verschwendung der Natur, die von Frauen mit

spärlichem Haarwuchs mit Bewunderung oder gar mit Neid zur Kenntnis genommen wird. Aber schließlich ist *das* Haar weder männlich noch weiblich, sondern eindeutig sächlich. Oft sind diese Haare bei manchen Männern zu einem Zopf zusammengebunden und kann sehr gut aussehen. In der Berufswelt werden jedoch moderne „normale" Frisuren bevorzugt; lange Haare waren Zivis und Modeschöpfern vorbehalten und ein paar „Aussteigern", Strandwächtern und Surflehrern, auch Musikern wie David Garrett und Professoren für Design oder Philosophen wie – bis vor ein paar Jahren – Peter Sloterdijk. Wenn das Haar dünner wird, verliert bei beiden Geschlechtern der Pferdeschwanz seine Attraktivität. Bei anderen heißt es: Das Geschäft geht vor! Das lange Haar des Mannes ist der Ausdruck eines sehr individuellen Lebensstils, den sich nicht jeder leisten kann.

Über Dauerwellen soll hier nicht weiter geredet werden, es ist eine besonders schwierige und langwierige Prozedur und in „Afra" nachzulesen, auch ist dieser Fall von Haarquälerei heute – dank neuer Techniken- erträglicher geworden. Jenseits von Gut und Böse befinden sich die Frauen mit kurzen Haaren und zwar jene mit den kunstlosen „nullachtfuffzehn" Haarschnitten, die sie von Männern übernommen haben. Da gibt es nicht so viel Stoff für die Vorstellung des Schreibenden. Arno Schmidt läßt seine Tante Heete deutlich den prosaischen Grund aussprechen: „Die=Zeit, mitt'n Dutt, spaa ich mir kümfdich." Den zugrundeliegenden Zeitgeist bringt eine Wienerin zur Sprache: „Es fühlte sich frei an. Die Haare waren kurz, das Leben leicht."

Wilhelm Raabe, sehr deutscher Schriftsteller des 19. Jahrhunderts, hat seine Abneigung gegen kurze Haare in dem folgenden Ausspruch verewigt: „ …studieren die (Frauen) aber kurzgeschoren in Zürich, so mögen sie meinetwegen auch in Männerhosen den Montblanc erklettern; Esel sind die, welche sie wieder herunterholen." Diese

Zeilen lesen sich heute wie ein alter Zopf. Das kurze weibliche Haar hat seinen Platz auf den Köpfen schon lange erobert, es ist zum Eldorado der Friseure geworden. Und so schreibt der Spanier Rafael Alberti „...die Friseure weinen ohne deinen Bubikopf, dieses blonde gestutzte Feuer."
Nur wenige weinen noch um den Verlust langer Haare. Es mag Frauen geben, von denen das kurze Haar noch als Zeichen weiblicher Emanzipation getragen wird, aber verstanden wird es kaum noch so. Dass junge Frauen mit sehr kurzen Haaren auch sehr anziehend sein können, konnte Wilhelm Raabe noch nicht wissen. Aber wir haben Jean Seberg in „Außer Atem" und Mia Farrow in „Rosemaries Baby" gesehen. Wenn jedoch ein Drehbuchschreiber Fellinis mit dem Namen Ennio Flaiano von kurzen Haaren nicht begeistert war, so ist das nach *La Dolce Vita* und Anita Ekberg nicht weiter verwunderlich. In „Melampus", seinem komischen und kritischen Amerika-Roman lesen wir: „Immerhin milderte ihre pfirsichfarbene Bluse den kurzen Schnitt ihrer blonden Haare." Vielleicht gibt es noch andere Vorzüge, die einen Kurzhaarschnitt aufwiegen könnten. Der Fantasie sind keine Grenzen gesetzt.

Auch wenn unsere Schriftsteller den Haarschneidern weniger Bedeutung beimessen, den Haaren selbst haben sie einen großen Teil ihrer Aufmerksamkeit gewidmet, und wir lesen ihre Texte mit Bewunderung. Haare können magische Energien verbreiten, die Ausstrahlung eines Menschen sichtbar machen, Zerbrechlichkeit oder Stärke vermitteln. Auch können sie Ewigkeiten überdauern, endlich auch den Tod besiegen. Gabriel García Márquez erzählt in seinem Roman „Von der Liebe und anderen Dämonen", wie man bei Ausgrabungsarbeiten in der Krypta eines alten Klosters das Skelett eines jungen Mädchens findet, dessen herrliche kupferrote Haare die phantastische Länge von zweiundzwanzig Metern und elf

Zentimetern haben. Als Motto stellt der kolumbianische Schriftsteller ein Zitat des Thomas von Aquin voraus: „Es scheint, daß die Haare weit weniger vom Tode erweckt werden müssen als die anderen Teile des Körpers.“ Diese Unsterblichkeit der Haare wird von den Dichtern immer wieder beschrieben wie auch ihre Farbe und ihre Fülle. Können sie doch auch das Licht des Himmels und den Glanz der Sonne widerspiegeln! Der Schweizer Schriftsteller Robert Walser macht einen Spaziergang im Berliner Tiergarten und sieht dieses unvergleichlich zerbrechliche Bild:

> In einiger sanfter Entfernung rollen roträdrige Droschken durch das milde grüne Gewebe, als gleite ein rotes Band durch ein Stück zartes Frauenhaar. Alles atmet Fraulichkeit, alles ist Helle und Milde, alles ist so weit, so durchsichtig, so rund, nach allen Seiten dreht man den Sonntagskopf, um die Sonntagswelt hübsch zu genießen.

In Sarah Kirschs Gedichtband „La Pagerie“ fliegen zeitgemäß „schöne Mütter mit knielangen Renaissancefrisuren von Sandbank zu Sandbank, ihre verblichenen schadhaften Jeans knallen im Wind und die Kinder schreiben mit Steinen und Muscheln“. Noch aktueller geht es – immer schon und für alle Zeiten – bei Friederike Mayröcker zu. Sie hat in ihrer Reise durch die Nacht diese ganz besondere Frisur verewigt:

> Ich erinnere dieses Mädchen diese Schönheit, mit Zebrafrisur, sie hatte schwarzweiße horizontale Streifen ins Haar gefärbt, ein Dekor ohnegleichen, rufe ich, es gibt keine Zeugen aber es ist wahr, ich meine ich habe es oft geträumt, und ist schon wieder vorüber.

Die Zeiten, in denen die Frauen ihre Haare in den Farben präsentierten, die es auch „natürlich“ gibt, und wo sich eine Brünette in eine Blondine und eine Blondine in eine Rothaarige verwandelt , haben sich nicht geändert, aber die Möglichkeiten haben sich um ein Vielfaches erweitert. Die Mode der Punker findet selbst in den Frisuren durchaus bürgerlicher Frauen und Männer und ihrer Kinder ihren Niederschlag. Die blauen und gelben Pferde des Expressionisten Franz Marc sind in den neuen Haar-Farben wieder auferstanden. Die Avantgarde von gestern wird in den Frisuren von heute sichtbar. Dazu kommen die Möglichkeiten, sich mit dem elektrischen Rasierapparat ohne großen Aufwand Schneisen in das Haar zu schlagen. Die alten Mönchstonsuren sind wieder da, nur ihr Platz auf dem Kopf und ihre Form hat sich verändert.
Die Rocksängerin Nina Hagen singt am Ende ihres Liedes „Aufm Bahnhof Zoo“: „Oob blond ob schwarz oob braun ich liebe alle Fraun.“ Niemand weiß besser als Nina Hagen, dass viele Frauen die Haarfarbe wechseln wie ihr Hemd; mit Liebe und geliebt werden hat es schon lange nichts mehr zu tun. Und es kann auch noch „unbeschreiblich weiblich“(Nina Hagen) sein. Die Bedeutung des Farbtons kann die gewagteste Frisur kaum überbieten, und keine literarische Beschreibung kann auf dieses Attribut des Haares verzichten: Blonde Haare, schwarze Haare, rote Haare, braune Haare und sogar graue Haare, keine Farbe, die es nicht wert wäre, beschrieben zu werden. So weit ich sehen kann, haben die ganz modernen Farben und Frisuren noch kaum Eingang in die Belletristik gefunden. Außer bei Peter Rühmkorf, der im Mai 1990 diese starke Frisur „eingefangen“ hat: „kükengelbes Haar zu gigantischem Weihnachtsstern hochgekämmt“. Dieser Mann schaut allerorten genau hin, hat er nicht auch in einer Magdeburger Nachtbar „ein paar toupierte Fontänen“ gesehen, „Relikt der sechziger Jahre, wasserstoffblond“? Doch fangen wir mit der Haarfarbe an, die am wenigsten geliebt und

am wenigsten beschrieben wird, der grauen. Schriftsteller verschweigen gerne, dass es sie gibt. Wie im Leben, so in der Literatur. Frauen, die sich mit den ersten grauen Haaren ohne Probleme an die Öffentlichkeit wagen, sind eher selten anzutreffen. Es wirkt wie ein vorzeitiger Abschied von der Jugend, und dieser wird so lange wie möglich hinausgeschoben, ja von den Mitmenschen geradezu nahegelegt, graue Schläfen sind nur bei Männern *sexy*. Diese kleinen, aber nicht unwesentlichen Unterschiede zu beseitigen, dürfte eine lohnende Aufgabe für Frauen sein. Diese Frauen sind Pioniere einer heldenhaften Bewegung (Mc Cracken), die langsam aber stetig an Terrain gewinnt. Schließlich können sie ihre heroischen Anstrengungen auf wichtigere Ziele lenken. Deshalb gefallen mir so dünn gesäte Zeilen wie die folgenden, sie machen einen bescheidenen Anfang: „de gros cheveux gris vigoureux" („dicke graue Haare voller Kraft") schreibt die Colette und lenkt den Blick auf die Stärke und die Energie, die auch das graue Haar ausstrahlen kann. Ein anderer französischer Schriftsteller, Charles Péguy, spricht von der Pracht, der *gloire* seiner weißen Haare. Sonst kenne ich nur die „Grauen Panther" und das ist alles viel zu wenig. Selbst die Konsulin in den „Buddenbrooks" benutzt eine Pariser Tinktur, um zu verhindern, daß ihr Haar „unerbittlich zu ergrauen" beginnt, um keinen Preis würde sie jemals weiß werden wollen. Notfalls würde sie eine Perücke zu Hilfe nehmen. Diese Perücken hatten in den Siebzigerjahren eine Renaissance, zu verlockend war die Möglichkeit, in kürzester Zeit den Typ zu wechseln. Aber die verbesserte Kunst des Haarfärbens hat sie weitgehend verdrängt, künstliche Haare sind nicht mehr modern und nur in Notfällen, im Krankheitsfall, zugelassen.
Auch braune Haare und schwarze Haare stehen in der Beliebtheitsskala der Beschreibungen der westlichen Welt eher unten. „Schneewittchen aber hatte schwarze Haare", das gehört in die Welt der Märchen. Selbst in der französischen Literatur gibt es eher zurück-

haltende, wenig aufregende Beschreibungen: Die Kameliendame von Dumas trägt ihre „glänzend schwarzen Haare in der Mitte gescheitelt. Sie legen sich rechts und links in je einem Bogen, der fast die Augenbraue berührte, über die Stirn und waren im Nacken zusammengeflochten". Die Haare sind nur ein Teil ihrer „reizenden Schönheit", ebenso bei Flauberts Madame Bovary, deren Haar „nach den Ohren zu ein wenig aufgebauscht" war und „in einem bläulichen Glanze schimmerte."
In anderen Kulturkreisen, in den arabischen Geschichten aus dem Umfeld von „Tausend und einer Nacht", können wir atemberaubende Beschreibungen schwarzhaariger Schönheiten entdecken. Der Perser Nizami schreibt: „Ihr Haar übertraf an Schwärze das Rabengefieder – es reichte ihr, aufgelöst, bis zum Rocksaum und duftete, Locke an Locke, wie ein Garten voll Veilchen." Die bayerische Schriftstellerin Lore Berger hat zwar erkannt, dass die vielen schwarzhaarigen Frauen „strahlender, kräftiger als wir Blonde" sind, doch sogleich hebt sie die vielen Nuancen blonder Haare hervor. Und deshalb werden wohl schwarze Kleider in unseren Breiten weit spannender beschrieben als schwarze Haare.

Das kann sich jedoch schnell in dem Maße ändern, wie afrikanische oder afroafrikanische SchriftstellerInnen den Buchmarkt erobern. Da schreibt die nigerianisch-amerikanische Schriftstellerin Chimanda Ngozi Adichie in ihrem Roman „Amerikanah" über erstaunliche Begegnungen in einem Friseursalon in New York, in denen diese uns schon bekannten Zöpfe geflochten werden – unwissenden weißen Leserinnen wird Einblick gewährt in eine unbekannte Welt voller Überraschungen, wodurch sich nicht nur ihr Blick auf afrikanische Haarfrisuren grundlegend verändert. Ein Schauplatz ist dieser schäbige Vorstadtladen; dort wird von den vielen Möglichkeiten erzählt, die es für krause schwarze Haare gibt. Die Erzählerin

Ifemelu erklärt auch, warum sie ihr Haar nicht glätten will: „Ich mag mein Haar wie Gott es geschaffen hat." Sie hatte ihren eigenen Kamm mitgebracht. „Vorsichtig kämmte sie ihr Haar, das dicht, weich und sehr kraus war, bis es ihr Gesicht einrahmte wie ein Heiligenschein."

Wer die Werbung aufmerksam beobachtet, kann nicht übersehen, dass vor allem braune Haare seit Julia Roberts' Auftritt in „Pretty Woman" an Beliebtheit erheblich zugenommen haben. Ich bin gespannt, wie lange es dauert, bis die Literatur den Vorsprung der anderen Haarfarben eingeholt hat. Sollte es nur eine kurzlebige Beliebtheit sein, wird sie es vielleicht nie wahrnehmen, außer natürlich bei denjenigen, die schnell reagieren und für welche die neuen „Kleinigkeiten" soziologisch und geschichtlich relevant sind. Ich habe einen bezaubernden, kleinen frühen Text über braunes Haar bei Alfred Andersch (in „Cadenza Finale") gefunden:

> Saßen oft die ganze Strecke stumm nebeneinander und sahen uns nur an. Die Leute haben uns bestimmt für verrückt gehalten. Oder ich bot meinen Platz an, wenn der Wagen voll wurde, und stand dann neben ihr und sah auf ihr braunes Haar hinab. Direkt lyrisch. Braun-lyrisches Violinen Haar. Der Rhein war breit und gelbgrau wie immer.

Auch rote Haare hatten es diesem Schriftsteller angetan. Es ist schwierig, rote Haare zu beschreiben.
Es ist wie mit Sonnenuntergängen, die wir fotografieren und dann, obwohl das Foto weitgehend die wirkliche Stimmung wiedergibt, als kitschig empfinden. Diese Farbe ist meist einfach zu laut, zu spektakulär. Nun ist Andersch ein wacher Beobachter solcher Äußerlichkeiten und deshalb gehört seine Beschreibung einer Rothaarigen zu

den schönsten Zeilen, die ich über rothaarige Frauen kenne – sie ist nachzulesen in seinem Kriminalroman „Die Rote". Sie enden mit den Worten „ Sie war es, die in Fabios Augennerven eindrang wie eine Strophe." Solche Texte tragen noch wesentlich zur Unsterblichkeit dieser langlebigen Gattung bei – wie auch diese kleine Zeile von Wolfgang Koeppen über eine blasse Variante roten Haares: „Ihr onduliertes Haar zitterte wie Himbeergelee."
Doch jetzt, geschätzte Leser, komme ich endlich zur Sache, dem heimlichen Thema:

> So viel Blond, so viel, soviel nutzloses Blond,
> habe ich gedacht, so viel törichtes Blond, wozu
> soll das gut sein? Wenn nicht für einen Mann,
> der darin ertrinken wird.
> Marguerite Duras

„Wenn Blond eine Aktie wäre, dann wäre es sicher noch zu früh, sie zu verkaufen", sagt der Anthropologe McCracken. Ich könnte auch „Blondinen bevorzugt" über dieses Kapitel schreiben – nach dem Film mit Marilyn Monroe „Gentlemen prefer blondes". Dies ist die eine Haarfarbe gegenüber den anderen. Dagegen werden hunderttausend Blondinenwitze nichts ausrichten können, obwohl sie als ein notwendiges Ventil gegen die erdrückende Vorherrschaft blonder Frauen von Wichtigkeit sind. Wahrscheinlich sind sie aber der Vorbote für eine einschneidende Veränderung, eine neue Sicht auf Haarfarben. McGracken hält Blond immer noch für eine der dramatischsten Aussagen, die eine Frau mit ihren Haaren machen kann. Das hat sich selbst in der epischen Gattung niedergeschlagen. Und so trägt auch die neueste Biografie über Marilyn Monroe den Titel „Blond", in der Joyce Carol Oates versucht, dem Leben der „blonden Darstellerin" auf

eine erschreckend intime Weise gerecht zu werden.
Peter Rühmkorfs gemischt-moderne Sammlung blonder Haartöne gefällt wieder besonders gut: „ginsterblonde Monstranz ums Haupt; hundeblumenblonder Sternenschopf; ein kernseifenblondes Lamm“ und – mit einem rötlichen Stich: „trug so einen unwiderstehlich orangeroten Keltenkopf zur Schau.“
Der Kriminalschriftsteller Raymond Chandler, der den Detektiv Marlowe erfunden hat, hat in „Der lange Abschied“ eine ziemlich respektlose, aber amüsante Phänomenologie der blonden Frauen entwickelt, die nicht unbedingt zum literarischen Kanon gehört. Die schönste allerdings gleicht auch bei Chandler einer Märchenprinzessin.
Ein ganz und gar anderes, behutsames und wortkarges Porträt eines blondhaarigen Mädchens hat Gert Hofmann in seinem kleinen Roman über Georg Christoph Lichtenberg gezeichnet:

> Möchtest du's sehen? fragte sie ihn.
> Wenn ich darf!
> Ist alles vom lieben Gott, sagte sie. Ihr Haar war fein und reichte ihr bis zur Hüfte. Er war überrascht. Hättest du das gedacht?
> Nein, sagte er, und ging um sie herum.
> Ja, so lang, sagte sie, und erzählte ihm die Geschichte ihres Haares, wie sie es wusch und bürstete und in die Sonne hielt.
> Da wurde es weich und hell. Dann wollte sie's wieder unter die Haube stecken, aber er sagte: Nein, laß es mal so! Sie errötete und zuckte die Achseln und sagte: Ja, so ist's nun mal!

Zu Lichtenberg muss gesagt werden, dass er – trotz gelegentlich bissiger Anmerkungen – ein Frauenliebling war, weil er sie verstand, ihre Eigenarten und Eitelkeiten mit Witz zur Sprache brachte.
Seine Aphorismen sind kleine Meisterwerke und für manchen das

Konzentrat eines Essays – wie auf dem vorderen Klappentext dieses Buches zu lesen ist.
Was Gert Hofmann in dieser kleinen Szene über ihn und seine Wahrnehmung natürlich blonder Haare geschrieben hat, bestätigt, welche Rolle Frauen in seiner Literatur spielten.
Bei Chandler steht das Wort von der Wasserstoff-Blondine, einem Kunstprodukt. Es ist nicht immer einfach, echtes und falsches Blond zu unterscheiden. Ein anderer Amerikaner, Bruce Marshall, hat in „Keiner kommt zu kurz" ein besonderes Verfahren gefunden, das ich für eine geniale Empfindung halte. Es kommt ihm so vor, als würde gefärbtes Haar blechern klirren, wenn es auf den Boden fällt, geschähe dies jedoch lautlos, dann wäre die Farbe natürlich. In diesem Roman hat er auch die Friseurbegeisterung der Frauen festgehalten. Der kürzeste Weg zum Friseur führt hier durch ein Kirchenschiff. „Zum Nordtor hinein, zum Südtor hinaus", und niemals, so sagt der Pfarrer, hielten sie zum Gebet an. Kein Wunder, dass er das Treiben beim Friseur als eine berechnende Art zur Unzucht zu verleiten, ansah.
Und der Friseur ist es auch, der den Frauen zu einer neuen Haarfarbe verhilft, die nicht immer der Begeisterung der Schriftsteller sicher ist. Dieter Meier, der Schweizer Performance Künstler und Filmemacher, entwirft in seinen Essays über die französische Schauspielerin Arletty, „die Aristokratin der Straße", auch ein Kurzporträt von Cathérine Deneuve, in dem es heißt: „Sie wird es nicht mehr schaffen, den Bürgermief aus ihren ewig blonden Haaren zu bürsten, sie wird ein Dekorationsstück in der Manege der Männer bleiben..." Was würde er heute von dem Film „Das Schmuckstück" halten, in dem sich die Schauspielerin vom Objekt in ein Subjekt verwandelt?
Das Blondinenkapitel ist wahrhaft unerschöpflich, doch ich werde es jetzt abschließen müssen – mit dem Zitat einer französischen

Schriftstellerin, die den Verdacht von Maguerite Duras am Anfang dieses Kapitels bestätigt. Maguerite Yourcenar schreibt in den „Orientalischen Erzählungen“:

> Da sah ich, verfangen in der rauhen Wolle seiner Jacke, die er über die Schulter gehängt und an seinem Hosenträger befestigt hatte, den einzigen Gegenstand, der meiner Überzeugung einen wenn auch unwägbaren Beweis liefern konnte: den seidigen, hauchdünnen Faden, den verwehten Faden eines blonden Haares.

Beinahe hätte ich noch vergessen, dass Chandler natürlich jene blonden Frauen nicht genannt hat, deren Haare an Engel denken lassen. Thomas Mann hat uns in „Bajazzo“ mit dem zärtlichen Porträt der Mutter entschädigt:

> Ich saß auf dem massigen, steiflehnigen Damastsofa und lauschte und betrachtete meine Mutter. Sie war klein und zart gebaut und trug meistens ein Kleid aus weichem, hellgrauem Stoff. Ihr schmales Gesicht war nicht schön, aber es war unter dem gescheitelten, leichtgewelltem Haar von schüchternem Blond wie ein stilles, zartes, verträumtes Kinderantlitz, und wenn sie, den Kopf ein wenig zur Seite geneigt, am Klaviere saß, so glich sie den kleinen, rührenden Engeln, die sich auf alten Bildern oft zu Füßen der Madonna mit der Gitarre bemühen.

Mütter als Wesen der Grenze, als Schutz-Engel ...Und wenn sie keine blonden Haare haben, so können sie goldene Flügel tragen wie in dem Gedicht „Mein stilles Lied“ von Else Lasker Schüler. Aber das dürfte uns zu weit vom Thema abbringen, auch wenn es verführerisch ist. Und über Engel gibt es schon sehr viele Bücher.

# Ein „Möwenflügel auf einer Pfirsich Melba“

## Nützliche Überlegungen zu einem nutzlosen Objekt: Der *Hut* in der Literatur.

Vor vielen vielen Jahren, als die jungen Frauen in Südspanien ihr Leben vor der Ehe noch hinter blumengeschmückten, aber vergitterten Fenstern verbringen mussten, im sicheren Abstand zu den Blicken der Männer, schrieb der andalusische Dichter Rafael Alberti (1929) folgende Zeilen: „Ah, Miss X, Miss X ohne Hut,/Morgenröte ohne Rouge,/allein,/völlig frei, du,/im Wind!" Diese unbekannte Amerikanerin, morgenschön und ohne Hut, brachte einen neuen Ton in die Gedichte jener Zeit; schien sie nicht eine Inkarnation der Freiheit und der Hoffnung: Amerika, du hast es besser?

Moderne Frauen, so könnte daraus geschlossen werden, mögen keine Hüte; sie wollen nicht behütet sein. Doch in unserer Zeit können wir einen neuen Blick auf Hüte werfen. Die Pariser Putzmacherin Marie Mercié behauptet, ein Kopf zeige nur Hut, wenn Hirn in ihm steckt, und diese Bemerkung dürfte den heutigen Frauen gefallen. Die Hüte der Mercié sind Ausdruck von Selbstbewusstsein, sowohl der Modistin als auch der Frau, die sie trägt. Wer glaubt noch Großvater Freud, der zu wissen meinte, der Hut zeuge von dem Wunsch einer Frau, unter die Haube zu kommen? Und hat nicht Vladimir Nabokov Freuds „spinnerte Suche nach sexuellen Symbolen" ein für allemal als mittelalterlich abgelehnt?! Dem unbeschwerten Tragen von Hüten dürfte nun nichts mehr im Wege stehen.

Für die westfälische Dichterin Annette von Droste-Hülshoff war dies schon Anfang des 19. Jahrhunderts ein Ausdruck weiblicher Freiheit. In ihrem Gedicht „Am Turme" klagt sie: „Und darf nur heimlich lösen mein Haar,/Und lassen es flattern im Winde." Und deswegen sieht man sie auf allen Gemälden mit einer sittsamen Haube abgebildet oder mit kunstvollen Frisuren, sogar mit „Schnecken" über den Ohren – gebändigter geht es kaum. „Ich grüße Sie auch/ohne Hut/mit Hosen/und(mit) Tennisschuhen."

– meint die Tübinger Lyrikerin Josiane Alfonsí. Aber es ist bekannt, dass ein Teil des befreiten weiblichen Geschlechts den Hüten ganz und gar nicht abgeschworen hat. Es ist ein öffentliches Geheimnis, dass viele Frauen, alt oder jung, mit mehr oder weniger Hirn, im Grunde ihres Herzens eine unglückliche Liebe zu Hüten hegen. So versteckt so manche mindestens ein halbes Dutzend Hüte in ihrem Schrank oder auf dem Speicher, in alten Hutschachteln. Gesehen wird sie damit nie. Zuhause, beim einsamen Blick in den Spiegel sieht die Frau eine Vorstellung von sich selbst, sieht, was noch in ihr steckt; sie stellt sich vor, was alles möglich sein könnte – jene zur Erscheinung tretende Wahrheit. Sie spielt mit den verschiedenen Bedeutungen, die ein Hut ihr geben kann; sie ahnt das Geistige und entdeckt es in ihrem Gesicht und beides wird miteinander in Einklang gebracht. Und je nach Temperament und Stimmung wählt sie einen der vier Huttypen: den dramatischen: groß, vorzugsweise aus rotem oder schwarzem Material, gerne auch aus Samt und Seide; oder den epischen: fast so groß und mit Garnitur, „die Damen mit Blumenbeethüten, die an den Leuchtfontänen saßen und aromalose Erdbeeren aßen", schreibt Wolfgang Koeppen in „Amerikafahrt". Diese Hüte erzählen Geschichten – von einem künstlichen Leben auf silberblauen Haaren oder von großen Landgütern. Kirschen, Pflaumen, Weinblätter auf schweren, dunklen Nackenknoten; „Vom Winde verweht"; Scarlett O'Haras und Rhett Butlers „Georgia on my mind". Und dann gibt es die kleinen lyrischen Hüte, die zarten, mit oder ohne Schleier; sie sitzen so schwerelos und zufällig auf dem Kopf – die augenfällige Nutzlosigkeit!
Doch wer liest schon noch Gedichte....
Und schließlich der komische Typ, der witzige: Die Trägerinnen haben der Schönheit fast abgeschworen. Die lustige Kopfbedeckung zeugt von Unabhängigkeit. Selbst die elegante Dame macht

den Weg frei für den Humor, zeigt Distanz zu sich selbst und ist zugleich doch ganz sie selbst.
Der Augenblick der Wahrheit und der Freiheit ist immer der Schritt vor die Haustür – mit dem Hut der Wahl auf dem Kopf. Die Frau wirft einen Blick von außen auf sich, sie unterwirft sich dem anderen Blick und schon ist die neugewonnene Harmonie wieder zerstört. Sie verlässt das Haus – ohne Hut. Aber es geht das Gerücht, dass die Frauen in Stuttgart ihre Hüte auch in der Öffentlichkeit tragen. Es soll die heimliche deutsche Hauptstadt der Hüte sein, in der sich die Damen einen Hut nur für die nächste Vernissage bestellen. Aber das wird wohl schon wieder in die Vergangenheit gehören. Nicht zu vergessen sind natürlich die Damenhüte des Adels, von Lady Di und anderer High Society, die bei ihren Festen und Pferderennen zu bewundern sind. Hier mischen sich die vier Huttypen – frei nach Shakespeare:
*Wie es euch gefällt* oder *Viel Lärm um nichts.*
Die Verlegerin Heidi Paris vom kleinen, aber feinen Merve-Verlag in Berlin sagte vor vielen Jahren : „Hüte trage ich nur in Budapest und Prag." und spielte damit auf die Atmosphäre dieser Städte an, in der noch die alten Zeiten der Donaumonarchie spürbar waren, als Damen und Herren niemals ohne Hut das Haus verließen..
Doch gehören Hüte bestimmt nicht vergangenen Zeiten an, noch sind sie den höchsten Kreisen vorbehalten. Sie haben nur die Richtung gewechselt. Frau (und gelegentlich auch Mann) trägt Hut, weil er eine nicht so leicht zu schlagende Möglichkeit bietet, mit wenigen Mitteln einen unverwechselbaren. einmaligen Ausdruck ihrer Persönlichkeit zur Schau zu stellen. Davon zeugen wohl am deutlichsten die Hüte, welche schwarze Amerikanerinnen beim sonntäglichen Kirchgang tragen.
Natürlich ist es etwas anderes, wenn eine Frau bei einem Kunstereignis, im Kreis von Gleichgesinnten, irgendeine verrückte

Kreation auf dem Kopf trägt, als wenn sie in einer Kleinstadt mit einer auffallenden Kopfbedeckung in der Öffentlichkeit erscheint. Und ganz anders ist es, wenn sie den modernen ultimativen Chic verkörpert: Styling von Fuß bis Kopf. Meistens hat jedoch die Frisur den Hut ersetzt, moderne Frisuren verwischen gelegentlich die Grenzen zum Hut und zeigen Merkmale, die früher Hüten vorbehalten waren; der modernste Hut ist der aus eigenem Haar. Ohne die avantgardistischen Ideen der Punker wären wir noch weit davon entfernt.
Oscar Wilde, der sich persönlich keiner noch so extravaganten Mode verweigerte, warnt im „Bildnis des Dorian Gray“:

> Hättest du dieses Mädchen geheiratet, wärst du verdorben worden. Selbstverständlich hättest du sie gütig behandelt. Aber sie hätte bald herausgefunden, daß du gar nichts für sie empfindest. Und wenn eine Frau so was bei ihrem Manne spürt, so vernachlässigt sie sich entweder schrecklich, oder sie trägt übermoderne Hüte, die der Mann einer anderen Frau bezahlen muß.

Diese Botschaft ist leicht zu entschlüsseln: Frauen mit einer Vorliebe für übermoderne Hüte denken heimlich an einen Seitensprung oder haben bereits einen Liebhaber. Der etwas auf Abstand zielende Hut, das distanzierende moderne Kunstwerk auf dem Kopf der Frau ist nichts anderes als eine verborgene erotische Aufforderung. So jedenfalls sieht es Wilde und befindet sich damit durchaus auf Freudscher Linie. Wer hätte das gedacht: Vorsicht, Frau mit Hut! Auch wenn sie vielleicht kein böses Mädchen ist, das überall hinkommen will, so trägt sie auf ihrem Kopf das vielgestaltige Symbol ihrer weiblichen Unabhängigkeit. Und deshalb zeugt der hypermoderne Hut weniger von Eheleid, sondern eher von Lust, mit oder ohne Ehering.

Das können wir ungeniert auf Männer übertragen. Vielleicht werden wir ja in der Zukunft wieder mehr Männer mit Hüten sehen, einen eleganten Panama-Hut im Sommer und einen weichen italienischen Filzhut, vom Typ Borsalino, im Winter. Vielleicht hegen Männer auch eine unglückliche Liebe zu Hüten, wer weiß? Eine Ausnahme bilden natürlich die älteren Herren mit den Einheitshüten. Da heißt es dann: Vorsicht! Mann mit Hut – am Steuer, heute vielleicht nur noch in Texas.
Hüte können kleidsam sein, eine Frau noch weiblicher und einen Mann noch männlicher wirken lassen, sie be- oder verstärken das jeweilige Geschlecht. Da gibt es die schwarzen flachen Hüte, die von den spanischen Reitern getragen werden, sie bilden einen wunderbaren Kontrast zu ihrem bleichen Gesicht und der weißen Hemdbrust. „Tiene duende“ sagen die Spanier und meinen damit: Es oder er oder sie hat Charakter – und eine fast dämonische Schönheit, Leidenschaft und Verführung. Oder jene Männer jeden Alters, die einen anderen Typ spanischer Hüte tragen, den hohen, aus braunem Leder; sie können etwas von der grandezza und der stolzen, unbarmherzigen Härte eines südamerikanischen Großgrundbesitzers ahnen lassen. Es ist das, was wir unter Machismo verstehen. Ein Hut, diese Ahnung bestätigt sich hier, kann einen Herrschaftsanspruch zum Ausdruck bringen. „Wo ich meinen Hut hinhäng, da bin ich zu Hause“ singt Udo Lindenberg.
Nicht so leicht auf einen Nenner zu bringen ist der folgende Text der amerikanischen Schriftstellerin Gertrude Stein, die den vielzitierten Satz „Rose ist eine Rose ist eine Rose“ schrieb. Sie war immer ganz sie selbst, davon zeugt ihr unverwechselbarer Schreibstil. Sie musste auch nicht schön sein, sie war eine Amerikanerin, nicht ganz so, wie sie sich der spanische Dichter Alberti wohl vorgestellt hat, aber sie war eine freie Frau. So klingt das Orginal in ihrem Buch „Zarte Knöpfe“:

> Bunte Hüte sind nötig um zu zeigen daß Locken durch eine Beigabe von kahlen Stellen getragen werden, das ergibt den Unterschied zwischen einzelnen Linien und breiten Bäuchen, das geringste Ding ist blitzhaft, das geringste Ding bedeutet eine kleine Blume und eine große Verzögerung eine große Verzögerung das ergibt mehr Bonnen als kleine Frauen. So rein ist ein blitzendes Licht, daß fast alles an ihm Perlen und kleine Wege zeigt. Ein breiter Hut ist hoch und ich und der ganze Pudding ganz.“ (Eine Bonne ist übrigens ein französisches Kindermädchen.)

Ein Hut kann also eine sehr geheimnisvolle oder ganz eigene Botschaft ausdrücken und wird gelegentlich zu einem Mittel der Kommunikation. Und nicht immer verbirgt sich darunter eine „kahle Stelle“ oder eine schlecht sitzende Frisur. Er kann von „breiten Bäuchen“ ablenken und wenn wir in diesem Text auch nicht alles verstehen,(was durchaus in der Absicht der Autorin liegt), lohnt es sich, den Wörtern nachzuspinnen. Gertrude Stein läßt uns nur ahnen, was doch alles möglich sein könnte – mit so einem Hut auf dem Kopf! In ihren Büchern spielen Hüte eine außerordentlich große Rolle, immer wieder erwähnt sie ein „Huterlebnis“. Besonders in ihrer „Autobiographie“ von Alice B.Toklas, die wir immer wieder mit großem Vergnügen lesen können – ohne stilistische Stolpersteine für den Leser. In diesem Buch steht eine Anekdote über eine Zugreise der Familie Stein auf dem Rückweg „von Österreich nach Kalifornien“, bei der Gertrude und ihre Schwester „wunderschöne große rote österreichische Filzhüte mit einer schönen Straußenfeder tragen“. Doch ihre Schwester lehnt sich aus dem Abteilfenster und der Hut fliegt vom Kopf und der Vater, der um die Bedeutung von Hüten weiß, zieht unverzüglich die Notbremse „und holte zum allgemeinen Entsetzen und Staunen der Mitreisenden und des Kondukteurs, den Hut". Auch Fernande, Picassos Freundin, so lesen wir in diesem amüsanten Buch, haben es Hüte angetan:

> Fernande war eine große schöne Frau mit einem wunderbaren riesengroßen Hut und einem offensichtlich funkelnagelneuen Kleid (...). Wir sprachen über Hüte. Fernande hatte zwei Gesprächsthemen, Hüte und Parfums. An dem Abend damals sprachen wir über Hüte. Sie liebte Hüte, sie hatte die echte französische Auffassung von Hüten. Wenn ein Hut bei den Passanten keine witzige Bemerkung herausforderte, gefiel er eben nicht. Sie und ich gingen später einmal zusammen auf dem Montmartre spazieren. Sie hatte einen großen gelben Hut auf und ich einen viel kleineren blauen. Während wir so weiterschlenderten, blieb ein Arbeiter stehen und rief, da leuchten Sonne und Mond gleichzeitig. Oh sagte Fernande und lächelte mir strahlend zu, siehst du wohl, unsre Hüte gefallen.

Von dieser „echten französischen Auffassung von Hüten" könnte so mancher deutsche Schriftsteller etwas lernen. Bei Fontane können wir im „Stechlin" lesen, wie man dieses Thema mit preußischer Nüchterheit trockenlegen kann, Landschaften konnten ihn mehr inspirieren. Dennoch hat er uns unvergessliche Porträts beeindruckender Frauen hinterlassen, er liebte eine indirekte Beschreibung.
Durch den Film „Der Liebhaber" ist ein Herrenhut berühmt geworden, der den Kopf eines jungen Mädchens bedeckt. Es ist ein weicher, rosenholzfarbener Hut mit einem breiten, schwarzen Band. Die französische Schriftstellerin Marguerite Duras, vielen auch durch „Hiroshima mon amour" bekannt, hat den Roman zu diesem Film geschrieben. Der Gegensatz der zarten, weiblichen

Gestalt zu dem männlichen Requisit des Hutes ist von einer starken erotischen Anziehungskraft – wie bei jungen Frauen, die einen Herren-Kurzhaarschnitt tragen. Eine ähnliche Wirkung hat der Zylinder auf dem Kopf einer Frau – ich denke an Marlene Dietrich in dem Film „Der blaue Engel" und an diese schwarze Melone in Milan Kunderas Roman „Die unerträgliche Leichtigkeit des Seins". „Leave your hat on", singt Randy Newman und verursacht damit immer noch eine angenehme Gänsehaut. Wir hören dieses Lied auch bei einer Entkleidungs-Szene in dem Film „Pretty woman" mit der amerikanischen Schauspielerin Julia Roberts.

Marguerite Duras erklärt die Wahl des Hutes zu einer „Wahl des Geistes": „Das Entscheidende, die Zweideutigkeit des Bildes, liegt in diesem Hut." Sie sieht sich plötzlich „allen Blicken zur Verfügung, dem Kreislauf der Städte, der Straßen, des Begehrens anheimgegeben". Die Wahl des Hutes lässt die Frau aus der Anonymität treten und je auffälliger der Hut, desto mehr ist sie den anderen ausgesetzt, ihrer Bewunderung oder ihrem Spott. Die Angst, sich lächerlich zu machen, kann stärker werden als der Wunsch, aus der Menge hervorzutreten. Im fortgeschrittenen Alter gibt es eine traurige Variante: Die Frau trägt „draußen" wieder Hut, aber dieser Hut sieht aus wie alle anderen, ist nicht zu farbig und nicht zu groß oder zu klein, bleibt immer innerhalb bestimmter Grenzen. Er ist nützlich: Er schützt gegen Kälte und Wind. Und auf diese Weise trägt ausgerechnet ein Hut dazu bei, seine Trägerin zu einem neutralen Wesen zu machen, von anderen kaum wahrgenommen. Der Hut wird zum Ausdruck einer zurückgenommenen Individualität. Glücklicherweise gibt es auch die anderen. Der Musikjournalist Carl Lippegaus schreibt über seine Idee zu einem Bildband über die unterschiedlichen, abenteuerlichen Kopfbedeckungen der Schwarzen in Harlem und

erzählt folgende Anekdote: „Ein Vater geht mit seinem etwa vierjährigen Sohn an mir vorbei. Ich höre, wie er zu dem Kleinen sagt: „Be yourself man.“
Der amerikanische Schriftsteller Bruce Marshall behauptet, dass er sich bei Damenhüten nicht so gut auskenne. Das kann nur eine dramaturgische Bemerkung sein, verdanken wir ihm doch in seinem Roman „Keiner kommt zu kurz“ die Beschreibung eines ganz besonderen Hutes, da muss er schon genau hingesehen haben. Schließlich ist dies das Kennzeichen eines jeden guten Schriftstellers, nur dass die meisten solche nichtigen und flüchtigen Äußerlichkeiten selten für beschreibenswert halten. Zu diesen zählt Marshall kaum, aber er hält nichts von modischen Extravaganzen. Er liebt den konservativen Chic. Er schätzt keine witzigen Bemerkungen über witzige Kopfbedeckungen wie Picassos Freundin Fernande und er schreibt:

> Ob ihm Hüte gefielen, die so aussahn, als sollten sie aufgegessen werden? Kaum. Er war noch eher für Hüte, die wie richtige Hüte aussahn, und am liebsten mochte er breite Damenhüte, wie sie seine Mutter getragen hatte, als er noch ein kleiner Junge war. Vilmas Hut war kein breiter Damenhut. Er war weder schmal noch breit noch hoch noch flach. Er sah überhaupt nicht aus wie ein Hut. Er sah aus „wie ein Möwenflügel auf einer Pfirsich Melba.

„Nur eine Frau konnte wissen, wieviel Trost in einem Nichts von einem Hut liegen kann“, behauptet Erich Maria Remarque, bekannt durch seinen Roman „Im Westen nichts Neues“. Zu den wenigen männlichen Schriftstellern, welche diese Hutleidenschaft der Frauen ebenfalls verstehen können, gehört Jean Paul, der vor langer Zeit den Spruch schrieb: „Das Geistige muß man

ahnen – das Körperliche schauen – und dann beides umgekehrt darstellen.“ Daran hat er sich immer wieder gehalten.
Sommerhüte spielen in der Belletristik eine besondere Rolle, wahrscheinlich weil sie die natürlichste, leichteste und gefälligste Form der Kopfbedeckung darstellen. Für einen Schriftsteller in unseren Breiten verbindet sich mit dem leichten Sommerhut die poetische Vorstellung von Wärme und Kühle, vom Duft der Blumen und des Spiels von Licht und Schatten. Nur für den Schweizer Autor Peter Bichsel ist zum Beispiel Adalbert Stifter ein Autor „für alte Tanten mit großen Sommerhüten“, die den Roman „Nachsommer“ unter einem Lindenbaum lesen – ein verblichenes Bild aus längst vergangenen Zeiten.
Die Leichtigkeit eines Sommerhutes, aber auch das Verrückte der Mode und diesen Schuss weiblicher Launhaftigkeit, hat der russische Dichter Ossip Mandelstam in der zweiten Strophe seines Gedichtes „Wie schade, daß nun Winter ist ...“ eingefangen:

> Libellen schrauben sich ins Blau,
> Gleich einer Schwalbe kreist- die Mode:
> Ein Körbchen auf den Kopf, genau
> So schwülstig hoch wie eine Ode?

„Mein Hut, der hat drei Ecken, drei Ecken hat mein Hut, und hätt‘er nicht drei Ecken, so wär’s auch nicht mein Hut“ – sangen unsere Großmütter. Meine eigene hat mir leider keinen Florentiner Hut vermacht, sie trug keine Hüte. In diesem Fall war es wirklich des Haares wegen, sie hatte wunderbare dunkelrote lange Haare. Sie flocht sie nach jeder Haarwäsche zu einem dicken Zopf, den sie dann im Nacken zusammendrehte. Ihre Tochter dagegen wurde von jener unglücklichen Liebe zu Hüten heimgesucht. Wahrscheinlich rührte dieses Unglück daher, dass ihre eigene

Mutter sie wegen ihrer Größe von 1,82 m mit dem niemals zu verzeihenden Klassikerzitat bedachte: „Seht ihr den Hut dort auf der Stange?“ Der Großvater aber besaß mehrere Hüte – von feinster Machart. Der Hut stand ihm gut, und so trug er ihn sogar auf dem Fahrrad. Seinen Zylinder habe ich geerbt; wie oft habe ich ihn damit aus dem Haus gehen sehen – zu festlichen offiziellen Anlässen, zu Hochzeiten oder Beerdigungen. Es ist ein Bild, das meine Kindheit, ja mein ganzes Leben, begleitet. Der Hut als Weggefährte der verschiedenen Lebensabschnitte. Jede(r), der dies liest, wird seine eigenen Hutgeschichten erzählen können, glückliche und traurige, wir sollten sie aufschreiben.
Rainer Maria Rilke schreibt in seiner fünften „Duineser Elegie“ von der schicksalhaften Bedeutung mancher Hüte, sie werden zu einem Sinnbild des Lebens. Die Pariser Modistin Madame Lamort spinnt und zerschneidet die Fäden wie eine moderne Moira, eine Schicksalgöttin über Tod und Leben:

> ... die ruhlosen Wege der Erde, endlose Bänder,schlingt und windet und neue aus ihnen
> Schleifen erfindet, Rüschen, Blumen, Kokarden, künstliche Früchte-, alle
> unwahr gefärbt, – für die billigen Winterhüte des Schicksals.

Hüte können eine symbolische Bedeutung annehmen, für die Tiefenpsychologie spielen sie eine nicht unbedeutende Rolle. In der Traumdeutung stehen schwarze Hüte für die Geheimnisse, die mit geistigen Kräften verbunden werden, oft sind sie bedrohlich, künden von Krankheit und Tod – wie diese zwei Zeilen von Hermann Lenz, der einen düsteren, beunruhigten Blick auf einen schwarzen Hutschleier wirft: „Der schwarze Schleier auf einem Frauenantlitz/Erinnert an Schatten in einer Röntgenaufnahme.“

Unsere Lektüre hat es immer wieder bestätigt:
Hüte können nicht nur eine prägende Wirkung haben, unvergessliche Erinnerungen speichern. Sie sind nicht nur schmückendes Beiwerk, sondern können etwas Verborgenes sichtbar machen, einen Ausdruck verstärken und wie eine Krone getragen werden. Sie können das unübersehbare Zeichen der Einzigartigkeit, der Individualität sein: Miss X, völlig frei, aber mit Hut. Sie überhöhen die Person, die sie trägt, fügen ihr ein paar Zentimeter hinzu – oder noch mehr, etwas anderes, schon lange nicht mehr messbar. Aus der richtigen Perspektive stößt ein Hut direkt an den Himmel – bis an die Wolken. Die „schweren und billigen Winterhüte des Schicksals" fürchten wir, aber wir lieben die leichten oder großartigen Träume. Nichts Kleinliches, Enges soll ihnen anhaften, kein Nutzdenken ihre Form diktieren. Kitschig, bunt oder pechschwarz dürfen sie sein; riesig, dreieckig, viereckig und rund, ein kleines Schiffchen nur, ein Hauch von einem Hut, das Tüpfelchen auf dem „i". Weltberühmt wurden die Pillbox von Jacqueline Kennedy und die Kopfbedeckungen von Audrey Hepburn in dem Film „Frühstück bei Tiffany". Unzählige Gemälde, Modefotografien und Hobbyfotos erzählen, zusammen mit den Schriftstellern und Modisten, von den nutzlosen, aber doch wesentlichen Träumen der Frauen. Es sind tragische und theatralische, lustvolle oder lustige, die mit Humor die große Pose einnehmen.
Alles ist erlaubt – nur nicht der nüchterne, traumlose Blick all derer, für die es immer so viel wichtigere Dinge gibt als ein „ach so kleiner" – Hut.

# Intermezzo

Die Grundlagen meiner Begeisterung für Kleider und Stoffe wurden bereits in der Kindheit gelegt; sollte sie nicht in meinen Genen stecken, so ist sie doch durch vielfältige Anschauung gewachsen. Da gab es meine Urgroßmutter, die ein Geschäft für hochwertige Leinenstoffe besaß, in dem die wohlhabenden Bauern der großen Sattelmeierhöfe in Westfalen ihre Aussteuer kauften. Bei ihr konnte ich erfahren, wie sich die edlen, feingesponnenen, leichten und schweren Leinenstoffe anfühlten. Noch heute kann mich der kleine rote Faden, der manchmal in die Schlusskette gewebt wird, in Begeisterung versetzen: Nichts als ein zarter roter Faden in einem weißen Tuch! Ihre Tochter, meine Großmutter mütterlicherseits, verwahrte in einer Ecke ihres Kleiderschranks dieses unglaublich schmale Schnürkorsett, natürlich in Alt-Rosa, in das sie sich während ihrer jungen Jahre mit Schmerzen gezwängt hatte. Dennoch war dies für sie ein Anlass, begeistert die Farben und Stoffe der Kleider zu schildern, die sie darüber angezogen und welches Aufsehen sie damit erregt hatte. Sie war in ihrer Jugend eine zierliche, hübsche Person mit natürlich dunkelroten Haaren, wie man sie nur selten sieht. Ihre Liebe zu schönen Kleidern war jedoch in den Augen ihres Vaters ein Zeichen von Hoffart und mangelnder Demut; kurzum: ein Werk des Teufels.

Auch hohe Absätze waren dem frommen Mann ein Dorn im Auge, sie waren ein Zeichen für unchristliche Eitelkeit und konnten nur darauf hinweisen, dass diejenige, die sie kaufte, einen gefährlichen Weg eingeschlagen hatte. Er nahm die Schuhe einer seiner Töchter und schlug die hohen Hacken im Keller mit einem Beil ab. Der dumpfe Fall war auch in den darüber liegenden Wohnräumen zu hören. Was hätte er erst zu den spitzen Stilettos von heute gesagt! Das Opfer seiner Aktion war eine Schwester meiner

Großmutter, die in Familienkreisen als eingebildet galt, wofür die folgende Anekdote spricht: Sie bat eine ihrer Schwestern, ihr einen bestimmten Stoff zu holen mit den Worten: „Emmy, hol mir den *Voile* (ein dünner, durchsichtiger Stoff) aus dem Schrank!", wobei sie das Wort *Voile* gedehnt und das deutsche Wort Schrank nasal – wie ein französisches aussprach. Dieser Satz gibt in der Familie auch heute noch einen willkommenen Anlass, sich zu amüsieren und zu lachen. Französisch war damals ein Zeichen höherer Bildung. Mein Großvater konnte noch im hohen Alter mit Vergnügen Verse aus seinem Französischlehrbuch zitieren. An seiner Bürotür stand das Wort: *Comptoir*.

Auch väterlicherseits gab es eine Tante, die auf ihrem großen, alten Webstuhl Stoffe anfertigte. Stundenlang durfte ich, auf einem Hocker sitzend, zusehen, wie der Stoff wuchs und seine Schönheit immer mehr sichtbar wurde. Die Bewegung des Schiffchens konnte mich in Trance versetzten – vor meinen Augen verband sich die gleichmäßige, sich wiederholende Tätigkeit und die Farben des Gewebes mit Musik, zu einem bunten Klangteppich. Meine Mutter verwandelte diese Stoffe auf der Nähmaschine in gut geschnittene Kinderkleider und Jacken. Ich habe noch eine elegante schwarze Jacke vor Augen, die aus dicken schwarz gefärbten Wollfäden, mit Streifen von eingewebter weißer Schafwolle bestand. Diese war so beliebt (und von guter Qualität), dass sie noch Jahrzehnte abwechselnd von meiner Schwester und mir getragen wurde – bis sie auseinanderfiel. Aus dieser Zeit stammt auch die Geschichte, die meine Mutter mir erzählte, wenn ich nach dem Verbleib ihrer schönen Brautnachthemden aus dem feinen Leinen aus dem Laden ihrer Großmutter fragte. Sie waren mit einer Bogenkannte verziert und hatten angeschnittene Ärmel; in ihrer Schlichtheit, ihrem Schnitt, unterschieden sie sich von den damals üblichen Nachthemden. Sie antwortete mir, das empfindliche Leinen hätte ihr beim Bügeln zu viel Arbeit gemacht. Später wurde mir klar, dass sie damals nicht sagen wollte, dass sie diese, in der schlechten Zeit nach dem Krieg bei den Bauern gegen Kartoffeln eintauschte – damit wir etwas zu essen hatten. Später häuften sich in einem meiner Schränke Stoffe, die auf ihre Verarbeitung warteten; manche warten immer noch darauf zum Leben erweckt zu werden oder finden eine neue Bestimmung in den weiten Tanzröcken einer guten Freundin.

Und schließlich erinnere ich mich an das folgende Bild: In der unmittelbaren Nachkriegszeit konnte mein Großvater einen großen Ballen taubenblauen Wollstoffes ergattern, aus dem die Schneiderin drei bezaubernde Kostüme für meine Mutter und meine beiden Tanten fertigen konnte – im neusten Pariser *New Look* mit Schößchen und weitem, längeren Rock – nach den Jahren des Krieges eine große Stoffverschwendung und ein Fest für die Sinne. Ich sehe noch die drei hochgewachsenen, schlanken Frauen auf den schwarz-weißen Fliesen im Flur ihres Elternhauses stehen. Wie glücklich sie aussahen!

„Das Wort Fuku, sagt der japanische Modeschöpfer Issey Miyake, hat zwei Bedeutungen im Japanischen: „Kleidung und Glück“.

# *Anschauliche Füllen* – magere Zeiten

*Eine kleine Dickmadam fuhr mal mit der Eisenbahn.*
*Eisenbahn die krachte – Dickmadam die lachte.*
VOLKSLIED

*Dick* ist weder modern noch beliebt, nur die Zärtlichkeitsform *Dickerchen* spricht noch von Zuneigung. Wer darüber schreiben will, muss Schwellen überwinden und darf keine Angst haben, sich lächerlich zu machen. Auch wenn wir es nicht gerne zugeben: Beim Hören des Themas „dick“ stellt sich Unbehagen ein – und die Angst vor einer allzu intimen Sichtweise. Denn wenn wir *dick* nicht als Krankheit sehen, so doch als Ausdruck einer inneren Störung, als Unvermögen, seinen Gelüsten abzuschwören, den Gang zum Kühlschrank in der Nacht zu unterlassen, sich einer anhaltenden Diät zu unterwerfen – um schließlich dem heutigen Schönheitsideal entsprechen zu können. Unzählige Witze, Beleidigungen und versteckte Anspielungen werden auf Kosten der Dicken gemacht, deren Gebrechen sich nicht verstecken lassen. Es gäbe aber, genau besehen, auch Erfreuliches zu berichten. Es sollte ein Vergnügen sein, Tabus zu brechen und ein Loblied auf barocke Figuren zu singen, auf die bemerkenswerten Zusammenhänge zwischen ihren liebenswürdigen Schwächen gegenüber irdischen Genüssen und ihrer Unabhängigkeit, ihrer Menschlichkeit.
Verbinden wir mit der Vorstellung weicher Formen nicht eine positive Wirkung auf unser Gemüt? Alles was rund ist, kann mit Weiblichkeit in Verbindung gebracht werden: Sanfte, hügelige Landschaften, Vasen und Schalen, bauchige Kaffeekannen, runde Steine („Handschmeichler“) und Früchte ...Äpfel und Birnen: alle Vorteile der beschwingten Linie gegenüber der geraden und deshalb werden eckige Formen eher Männern zugeschrieben.

„Ein volles Antlitz wie Frühlingswind, / rundlich und friedlich gestimmt.“, schreibt Walter Benjamin, und Theodor Fontane gibt im „Stechlin“ auf die Frage „Eine nette Dame?“ die einfache Antwort: „O ja. Ein Pummel“. Die deutsche Sprache hat eine ganze Bandbreite von Wörtern, die das Wort *dick* ersetzen können – neben so freundlichen wie *pummelig, rundlich, füllig* und *mollig* auch das eher neutrale *beleibt* oder *kompakt* oder aber auch abwertende wie *feist* und *fett.*
Wir wissen durch die Anschauung alter Meister der bildenden Kunst, dass das Schönheitsideal der Vergangenheit meist etliche Kilo schwerer war als das heutige. Doch auch in diesen Tagen können viele rundliche Frauen – allein durch ihr Äußeres – zunächst den Bonus eines friedfertigen Gemütes, der freundlichen Zuwendung und Wärme für sich in Anspruch nehmen. Sind sie nicht ein Zufluchtsort in harten Zeiten, ein mütterlicher Schoß, in den wir unseren Kopf betten können? Scheint nicht gerade diese Frau der Beweis dessen zu sein, was ein Zeitgenosse Goethes, Jean Paul, in Worte gefasst hat: „Ihr Körper, ihre wahre Morgengabe, fällt mit ihrer Bestimmung mehr in eins zusammen als der unsrige mit unserer.“ Das ist nicht von der Hand zu weisen, dennoch werden Frauen von heute darüber nachdenken müssen, ob dieser Ausspruch, der im Übrigen auf *alle* Figuren gemünzt war, ihnen immer noch gefällt. Auf jeden Fall gibt es sehr viel *Anschauungsmaterial* für eine literarische Phantasie.
Die polnische Nobelpreisträgerin Wislawa Szymborska hat den „kürbisrunden fetten Liebesgerichten“ des siebzehnten Jahrhunderts, den Frauenbildern des Malers Rubens, mit einem Gedicht ein Denkmal gesetzt. Es steht in dem Kapitel mit dem nicht zu viel versprechenden Titel „Salz“. Sie vergleicht die rosigen, voluminösen Körper des Künstlers mit den mageren Vorbildern unserer Zeit und nennt die Dinge beim Namen, schlägt keine leisen Töne an:

Vertriebene des Stils. Abgezählte Rippen,
Vogelnatur der Füße und Hände.
Mit den hervorstehenden Schulterblättern versuchen
sie zu fliehen.

Sie stellt ihre barocken Töchter als „physischen Alarm“ den flachen anderer Zeiten gegenüber und lobt deren gewölbte Form: „Konvex ist nämlich sogar der Himmel,/konvex sind Engel und Gott.“
Drei Frauen möchte ich ihren sinnenfrohen Rubensfiguren zur Seite stellen. Ich beginne mit der Schauspielerin Marianne Sägebrecht, die in ihren Rollen das verkörpert, was wir auch gerne *lesen* möchten, nämlich diesen wohlwollenden Blick auf üppige Formen, sinnliche Charaktere und was immer damit einhergehen könnte. In einer deutsch-französischen Co-Produktion mit dem Filmtitel „Eine Frau nach Maß“ – Untertitel „Melodram“ – werden die lebensfeindlichen Tücken der geraden Linie durch Marianne Sägebrecht bloßgestellt, der Standardfigur wird ein Schnippchen geschlagen. Erst als diese Frau abnehmen soll, gerät ihre Selbstsicherheit ins Wanken; ihre einnehmende Würde gewinnt sie erst dann zurück, als sie die Erfahrung macht, dass ihre Figur nicht nur als *Objekt der Begierde*, sondern als schöner ganzheitlicher Ausdruck ihrer Persönlichkeit geliebt wird.
Ein überzeugendes Bild einer selbstbewussten, schwergewichtigen Frau vermittelt auch eine andere Frau, von der ein Pariser Kunsthändler sagt, sie strahle ein Gefühl von „Ruhe und Überzeugung“ aus. Es ist keine andere als die amerikanische Schriftstellerin und Expertin für moderne Kunst – Gertrude Stein. Die italienische Journalistin Grazia Livi hat sie porträtiert: „Mit ihrem kranzförmig auf dem Kopf festgesteckten Zopf, mit trägen Bewegungen, mit dem schönen nackten Gesicht, mit der Kette,

die still auf der Brust lag wie auf einem Zentrum der Schwerkraft, saß sie da." (...) „ eine mächtige Gestalt, für die Zukunft bestimmt." Solche Figuren scheinen wie eine Sphinx vor den Geheimnissen des Ewig Weiblichen zu sitzen. Sie verkörpern Vergangenheit, Gegenwart und kommende Zeiten. Es mag abwegig erscheinen, aber die Unbeirrbarkeit, die Gertrude Stein in ihrem Leben und Werk an den Tag gelegt hat, lassen sich leicht mit ihrer Absage in Verbindung bringen, eine *Frau nach Maß* zu sein – in den Augen der anderen, der Zuschauer, der Zuhörer, der Leser, Männern wie Frauen. In ihrem Buch „Was sind Meisterwerke?" zeigt sie, dass ein Meisterwerk sich entwickelt – ohne dabei an Zuhörer oder Zuschauer zu denken. Auch geschieht das Schöpferische nur dann, „wenn Sie ohne Erinnerung an sich selbst sind." Ein wahrer Spruch, ihre Lebensphilosophie in nuce. Von ihr stammt auch der Spruch: „Ich und der ganze Pudding sind ganz".
In diesen Tagen muss noch die amerikanische Sängerin Beth Ditto (* 1981)genannt werden, die „Miss Piggy" aus der Muppet Show ihre Stilikone nennt: In ihr findet sie sich wieder, weil sie „fett, glamourös, weiblich und eigensinnig" sei. Diese Sängerin hat wesentlich dazu beigetragen, dass sich nicht wenige mit ihrer Abneigung gegen Dicke beschäftigen müssen. Durch ein Nacktfoto auf dem Titelblatt einer Musikzeitung und später in einem Pop-Magazin („Love") löste sie – im Land des „Playboy" – viele Kontroversen aus; aber es lassen sich auch Kommentare finden, die diese Fotos zwar „ungewohnt, aber durchaus ästhetisch" finden (so in „Love").Dabei fällt auch das Wort „Wuchtbrumme", welches den eher positiven deutschen Ersatzwörtern für Dicke hinzugefügt werden kann. Beth Ditto sagt in einem Interview in der *Berliner Morgenpost:* „Eine fette Person zu sein und sich in der Öffentlichkeit nackt auszuziehen, das ist ein unglaublich feministischer und politischer Akt.(...) Es ging mir nicht ums Scharfma-

chen von Männern oder auch von Frauen, sondern um ein: *Hier bin ich.*" Selbst der Modekönig Karl Lagerfeld interessierte sich für diese Frau und machte sie – wenn auch nur vorübergehend – zu einer seiner Musen.
Der Siebenbürger Schriftsteller Franz Hodjak, hat sich (in „Zahltag") nicht gescheut, eine solche starke Frau in Szene zu setzen. Bei der morgendlichen Rasierzeremonie erscheint die Frau im Blickfeld des Rasierspiegels:

> Ihr molliger Körper, dessen Konturen vag durch das hellviolette Nylonnachthemd schimmerten, schien vom Schlaf aufgeweicht, das Fleisch wabbelte, wogte wie ein vom Wind leicht aufgewühltes Meer, während sie sich immer wieder reckte, dehnte und streckte (...) Zuweilen fuhr sie sich mit ihren langen, leicht zittrigen Fingern durch das dichte, bis über die Schultern herabhängende Haar, als wolle sie immer wieder unterstreichen, bitte, das bin ich.

Auch wenn dieses Porträt einer schlaftrunkenen Frau eingefleischten ästhetischen Erwartungen nicht entsprechen sollte, unbekannt kommt es uns nicht vor und wir können es – vielleicht sogar mit Rührung – wieder erkennen wie auch die Figur der Tante Heete bei Arno Schmidt (in „Kaff"): „breit und rüstich; ein schwarzes Kleid hielt ihre Fülle zusammen; in der erhitzten Hand die durchbrochene Aluminiumpfanne." Beide Frauen strahlen dieses solide Selbstbewusstsein aus, mit dem allein sich in Freiheit leben lässt.
Die amerikanisch-niederländische Essayistin Ethel Portnoy, hierzulande leider kaum bekannt, weil sie vorwiegend in englischer Sprache schrieb, die von ihrem Mann nur ins Niederländische übersetzt wurde, hat einen Spruch ersonnen, den sie als ihr

„Axiom des Tages" bezeichnet: „Frauen hütet euch vor jeder Gelegenheit für die ihr meint, abnehmen zu müssen." Sie erklärt die achtziger Jahre des 20. Jahrhunderts zum Jahrzehnt der Habsucht, personifiziert in der Präsidentengattin Nancy Reagan: „Je dünner desto schöner, je reicher desto besser." Heute, im 21. Jahrhundert, ist diese Weisheit noch nicht aus der Mode, aber ich meine, dass sie gelegentlich Risse zeigt. Die nigerianisch-amerikanische Schriftstellerin Chimanda Ngozi Adichie schreibt in ihrem Buch „Americanah", welches sie „der nächsten Generation" widmet, dass es viel mehr Mut erfordert, einen kurzen Rock zu tragen, wenn die Trägerin dick ist. Diese Bemerkung zeigt freilich, dass sie bereits einer westlichen ästhetischen Norm das Wort redet. Aber sie überwindet sich und meint, dass auch Frauen mit dicken Beinen im Minirock gut aussehen können. In anderen Büchern von Autorinnen mit afrikanischer Herkunft, denen immer mehr Aufmerksamkeit geschenkt wird, lassen sich Zeilen finden, die von der Wertschätzung üppiger Frauen in ihrer Kultur erzählen.

Unversehens bin ich, ohne es zu wollen, an dieses uralte Thema *Schönheit* geraten. Die heikle Frage heißt ja: Wie viel dick ist schön und bei welchem Zustand hört es auf, schön zu sein? Objektive Kriterien gibt es dafür nicht. Albrecht Dürer hat in seiner Kunstästhetik sowohl den Mangel als auch den körperlichen Überfluss als *nicht schön* deklariert und zugleich gesagt: „Was aber die Schönheit sei, das weiß ich nit" und „was alle Welt für schön hält, das wollen auch wir für schön halten." Nun ist das öffentliche Wohlgefallen so fragwürdig wie eh und je. Bertolt Brecht erzählt in seinen „Geschichten vom Herrn Keuner" von einem Mann, der den Erfolg einer Schauspielerin auf ihre Schönheit zurückführt. Doch Herr K., der alles weiß, belehrt den unwissenden Gesprächspartner: „Sie ist schön, weil sie Erfolg hatte.". Es gibt literarische

Figuren, die ihrem Schöpfer moralisch über den Kopf wachsen. Wir profitieren heute davon, denn der „Versuch über die „anschaulichen Füllen“ soll eine kleine Erfolgsgeschichte werden, in deren Folge das Wörtchen *dick* etwas von seinem negativen Klang verliert ... Ich möchte den Blick, mit dem wir die Frau „nach Maß“ betrachten, ein wenig verändern – mit Hilfe der Zeilen, die ich in der mir bekannten Literatur finden kann, wobei die bildende Kunst wieder Hilfestellung leisten wird. Die Bedeutung des *Blinzelns* sollte nicht außer Acht gelassen werden. Lovis Corinth sagt in seinem Lehrbuch der Malerei, dass der Künstler durch Unschärfe die nötige Distanz des Betrachters erreiche – und zugleich der Abbildung mehr Erscheinung und Ausdruck geben könne.

Dieses *Blinzeln*, seit Jahrhunderten sowohl mit „zwinkern“ verwandt als auch mit „blinken und blitzen“, scheint nicht so einfach zu sein, wie eine Passage in dem Roman „Alle Seelen“ des Spaniers Javier Marías deutlich macht. Immerhin hat er hat dieses Thema der weiblichen Fülle nicht gescheut – wie es auch nicht anders von ihm zu erwarten war. Die weiblichen Requisiten, die „Frauensachen“, die in seinem Werk so ausführlich beschrieben werden, hatten Hoffnungen geweckt wie auch das Wissen, dass seine Beobachtungen nicht das Licht des Tages scheuen. In „Alle Seelen“ erzählt er auf merkwürdig widersprüchliche Art von der Begegnung mit einer jungen Frau, die er in einer Diskothek kennengelernt hat. Sie gehört zu einer Gruppe von schwergewichtigen Mädchen, denen der Erzähler die Bezeichnung „abstoßende Dicke“ zuweist. Nur diese, erkennt er, ist „nicht wirklich dick, sondern nur fast ..., so dass – kalkulierte ich – nach kurzer Zeit eine gewisse sexuelle Wertschätzung meinerseits möglich wäre.“ Es ist ein mühseliger Prozess – anscheinend nicht ohne Ironie. Jemand versucht, Anschauung und Denken in Einklang zu bringen. Und wer weiß, welche Rolle die Erfahrung und der allgemeine Konsens dabei spielen! Mit dem Sehen wird schließlich auch das Denken verabschiedet. Diese *fast dicke* Frau ist eigentlich nicht sein Geschmack und dieses Abenteuer ist ein Versuch, sich mit Worten darüber hinwegzusetzen. Aber das richtige Wort kann nicht gefunden werden, sowohl das Begehren als auch der Intellekt erleiden Schiffbruch. Matte Höflichkeit mischt sich mit nüchtern berechnendem Blick, ebenso gut hätte er Autositze schildern können. Im Verlauf der Handlung versucht er dieses Desinteresse mit eher dürftigen Sätzen zu erklären. Der Blick, den Marías Held auf Frauen wirft, kann seine Herkunft nicht verleugnen, er ist das Opfer seines eigenen unbarmherzigen, männlichen Blickes; seiner Unfähigkeit zu blinzeln. Der Schriftsteller schürt hier auch das Misstrauen gegenüber *Latin lovers*. Diese Bezeichnung wird in einem *Vogue* Interview von dem Maler Botero und ebenso von dem Schriftsteller Vargas Llosa mit verständlicher Entrüstung abgelehnt. Es leuchtet ein, dass Botero sich durch die lieblose Vereinfachung gekränkt fühlt, der „Maler der dicken Weiber“ zu sein: „Mich interessiert nicht das Fett, sondern das Volumen. Das ist in unserer Zeit genauso in Vergessenheit geraten wie die Sinnlichkeit.“ Vargas Llosa kommentiert: „Als Geschöpfe der Kunst finde ich deine drallen Frauen schön – genau wie die dürren Klappergestelle von Egon Schiele.“ Es handelt sich hier zwar nicht um den gesuchten Sieg der geschwungenen Linie über den geraden Strich, aber doch um eine wesentliche Erkenntnis. Es ist der künstlerische Blick auf dicke Frauen, der nur selten zu finden ist. Der Liebhaber der Schauspielerin Marianne Sägebrecht aus dem Film „Eine Frau nach Maß“ ist wohl nicht zufällig ein Kunstmaler.

Oft finden Tragisches, Ängste und Vorurteile Eingang in die Literatur. In dem kleinen Roman „Fettfleck“ von Diana Kempff wird die traurige Geschichte eines dicken Mädchens erzählt, das überall auf Ablehnung stößt. „Das Kind macht sie nervös“. Es stört, weil es dick ist und deshalb soll es dünn werden. Als die grausamen Quälereien überhand nehmen, wehrt es sich, wird zur „rasenden riesenärschigen Furie“. Aber sie kann ihrem Schicksal nicht entkommen, *dick bleibt dick,* heißt es gegen Ende.

Die Störung als auffallendes Kennzeichen bei der Wahrnehmung dicker Menschen. Warum werden sie zu *Störenfrieden* wie sonst nur *böse Nachbarn, unruhige Kinder, Querdenker, Unangepasste* und *Schreihälse*? Die Dicken als Bürgerschreck? Die Dicken sind die ganz anderen und die Spießbürger sind diejenigen, bei denen bereits das Äußere eines Menschen einen Grund zur Ablehnung bildet. Ursprünglich war es „nur“ das durch Hässlichkeit oder von der Normalität abweichende *Andere.* Heute ist es bei einer bestimmten Gesellschaftsschicht der mangelnde „Chic und Pep“, das fehlende *Styling,* das Abweichen vom modischen Ideal. *Lasst schöne Menschen um mich sein.* Die Mode könnte ihr Können zeigen, wenn es ihr gelingen würde, „dick“ zu stylen, nicht so schlanke Frauen in ihre Kreationen einzubeziehen. Kann doch manches schöne Kleid nicht wie ein Schutzschild sein? Mode für Übergrößen, für „Curvy divas“ führt immer noch ein Schattendasein – so wie lange Zeit die Umstandsmode, von deren spießigem Aussehen sich Frauen befreit haben, indem sie ihren Bauch nicht mehr verstecken und öffentlich in engen T-Shirts zeigen.
Eine französische Ballettgruppe hat vorführen können wie Tänzer in ihrer Verkleidung als bunte Kissen sehr erfolgreich waren. Die Verbindung von (vermeintlicher) Schwere mit leichtfüßiger Bewegung ist von einer Grazie und zugleich Komik, der wir uns nicht entziehen können. Da gibt es auch noch diesen Sessel *Up 50* des italienischen Designers Gaetano Pesce, der jetzt schon fünfzig

Jahre auf dem Markt ist und der mit seinen weiblich wirkenden Rundungen, mit Humor an Beliebtheit nicht verloren hat.
Marie-Luise Kaschnitz schreibt in ihrer Erzählung „Das dicke Kind“ von ihrer besonderen Begegnung mit einem plumpen Wesen, dessen raupenähnliche Existenz sie ebenso hasst wie seine gierigen Essgewohnheiten. Später wird sie sich selbst in diesem Kind erkennen und begreifen, dass sie in einem Augenblick der größten Gefahr von ihrem Raupendasein erlöst wurde. Das Schmetterlingsdasein, das Leben als *Imago,* kann beginnen. Doch auch ohne die Hoffnung auf solche äußerlichen Metamorphosen kann das Leben eines solchen Kindes oder einer Frau sich entfalten. Das ist die einfache Moral dieses Essays. In der indianischen Geisterwelt gibt es die schöne Vorstellung, dass alte, dicke Frauen nach ihrem Tod zu Schmetterlingen werden. Je schwerer in diesem Leben, desto leichter in einem anderen.
Beim Blick über die alpenländischen Grenzen können wir eher etwas über vollschlanke Frauen erfahren. Der österreichische Schriftsteller Christoph Ransmayr hat in seinem Roman „Die letzte Welt“ eine bemerkenswert feinfühlige Beschreibung einer dicken Frau gegeben. Er spricht von einem „zarten Wesen“, das sich vor der „Gewalt der Welt“ und dem Hass ihres Ehemanns „tief ins eigene Fett zurückgezogen hatte“. Solche Formulierungen lassen uns nicht kalt. In Musils „Mann ohne Eigenschaften“ wird Ulrichs Leontine als „schlank und voll“ bezeichnet, später lesen wir in demselben Buch über Diotimas Hand, die anfangs als „fett und gewichtslos“, sodann aber als „dickes Blütenblatt“ in der seinen lag. Es ist anzunehmen, dass diese Hand ein Abbild des Ganzen ist. Auch Musils Landsmann Heimito von Doderer interessieren die fülligen Frauen, nur beschreibt er lieber ihre Wirkung als sich in Details zu verlieren. Die folgenden wohlgesetzten Worte stehen in seiner „Strudlhofstiege“: „gehüllt in die

gleichsam tragende Wolke ihrer gepflegten Macht." Unbestreitbar sind Wolken etwas Üppiges, auch sind sie weich anzuschauen.

Eine der überzeugendsten Darstellungen gewichtiger Frauen ist für mich die Geschichte „Kirke" in dem wundervollen Buch „Der Skorpionsfisch" des Schweizer Reiseschriftstellers Nicolas Bouvier. Die Zauberin aus der griechischen Mythologie nimmt hier die Gestalt einer tamilischen Ladenbesitzerin an, die es mit ihrer „wohltuenden Stofflichkeit" dem Reisenden angetan hat. Vor dem Hintergrund der zerfallenden, auf Schein versessenen Inselbevölkerung des damaligen Ceylon begeistert sie ihn – über alle Maßen. Das Gerücht, dass sie rücksichtslos von dem Gesetz des tamilischen Matriarchats Gebrauch gemacht hatte, vermindert seine Leidenschaft nicht. Dieses Gesetz erlaubt einer Frau, ihrem Mann den Laufpass zu geben, allerdings mit Vorwarnung: Sie muss dreimal seine Babuschen vor die Haustür stellen. Bouvier schreibt: „Ich ziehe hundertmal die heitere Gesellschaft dieser dicken Bache derjenigen aller Halblebendigen meiner Straße vor, die so sehr von Unwirklichkeit durchlöchert sind, dass sie sogar noch den Laut eines Furzes vergessen haben. ... Dieses riesige Weib gefällt mir, ohne Illusionen."
Die moderne Gesellschaft unseres Jahrtausends könnte solchen ungeschminkten Darstellungen weiblicher Kraft und Stärke etwas Wesentliches abgewinnen. Auch Guy de Maupassant hat in seinem Porträt einer jungen Prostituierten in „Boule de Suif" („Fettkugel") eine solche charaktervolle *und* füllige Frau verewigt. Diese *Mademoiselle* Elisabeth Rousset, „appetitlich und vielbegehrt" und „erfreulich anzusehen in ihrer Frische", entlarvt die Minderwertigkeit der ganzen heuchlerischen, herzlosen besseren Gesellschaft. Auch in der letzten Verfilmung vom Untergang der „Titanic" gibt es eine solche Frau, die „Molly" genannt wird und

von der besseren Gesellschaft auf dem Oberdeck abschätzig zu den „Neureichen“ gezählt wird. Sie ist die Einzige unter ihnen, die weder Scheuklappen noch Dünkel, aber ein mitleidiges Herz besitzt.
Es gibt jedoch noch eine andere Seite: Die Angst des Mannes vor der gefährlichen, wuchernden Version einer alles verschlingenden Weiblichkeit kann eine bedeutende Rolle spielen. Der polnische Schriftsteller Bruno Schulz schreibt in „Die Zimtläden“: Tante Agata„groß und üppig, voll runden und weißen Fleisches, das vom roten Rost der Sommersprossen bekleckst war, erstickt mit ihrer selbstherrlichen Weiblichkeit, ihrer unbefriedigten Fruchtbarkeit mitleidslos die schwachen Zuckungen der Männlichkeit.“. Diese Ängste müssen ernst genommen werden. Nicht jeder Mann kann es mit einer solchen Über-Frau aufnehmen – ohne die Wahrnehmung seiner eigenen Stärke. Das hat nicht nur mit seinem Verstand zu tun, sondern auch mit seinem Körper. Sollten die Männer aber eine Art Mutterfigur suchen, wollen wir nicht gleich den Psychiater bemühen.
Die lustvollen Konsumenten -Blicke eines Vadinho auf die „specklose Fülle“ seiner kleinen Frau Dona Flor sind zwar auch von diesem unverbesserlichen *Machismo* geprägt, aber er geht dieses Mal auf brasilianischen Samtpfoten. Jorge Amado legt in „Dona Flor und ihre zwei Ehemänner“ die Vermutung nahe, dass dieser Vadinho – dank der Kochkünste seiner Gattin – sie in zärtlichen Stunden mit gastronomischen Vergleichen beehrt haben könnte, und so lesen wir dann auch „mein Maisklößchen, mein duftender Acarjé, mein fettes Hühnchen“„ihrem natürlich, sinnlich-häuslichen Reiz“ entsprechend „der sich unter einer entsprechend still-gefügigen Natur verbarg.“
Es gibt – frei nach Chandlers Phänomenologie der Blondinen – viele Formen des Fülligen: die große oder kleine Frau, die selbstbewusst und kräftig und doch kein bisschen männlich ist, weil sie

zu diesem Typ der Urmutter oder Überfrau gehört. Dazu gehören Operndiven alten Stils wie Brünhilde und andere teutonische Walküren, aber auch Sängerinnen unserer Zeit und natürlich die Venus von Willendorf und alle Fruchtbarkeitsgöttinnen. Und jene Dicke, auf deren Schultern die ganze Familie ruht. Sie steht fest auf ihren beiden Beinen und ist meistens gut gelaunt. In Eduard Mörikes „Geschichte von der schönen Lau" lesen wir von einer dicken Wirtin, einem „frohen Biederweib, christlich, leutselig, gütig", auf die das wohlwollende Auge eines ebenfalls wohlbeleibten Abtes fällt. Diese Frau gehört kaum zu jenen rundlichen Frauen, die das weibliche Pendant zu *Schweinchen Schlau* aus den Micky Mouse Heften bilden. Diesen muss man sich mit Vorsicht nähern. Ein Blick in die Augen zeigt es an. Sie lassen sich nicht durch Komplimente erweichen, im Gegenteil. Sie sitzen fest im Sattel. Ihr Verstand und ihre unsentimentale Intelligenz halten sie in den Steigbügeln. Sie kann so ungemütlich sein wie ihr Gegenstück gemütlich, unter einer weichen Hülle verbirgt sich ein harter Kern. „Er kannte keine Frau, deren Üppigkeit so einladend wirkte, während ihre Augen gleichzeitig abschreckten wie die Mündungen von Maschinengewehren in einem Pfirsichbusch." (René Schickele, Die Witwe Bosca)

Sehenden Auges spaziere ich an Abgründen entlang, obwohl ich nur einen Spaziergang unternehmen wollte. Wer mag mich bei solchen Ausflügen noch begleiten? Doch ist nicht so mancher *Essay* in der ursprünglicher Bedeutung des Wortes, ein *Versuch,* der mit dem Scheitern rechnen muss? Wollte nicht selbst Tucholsky lieber eine große Dünne als eine kleine Dicke? Auch wenn er es nicht ernst gemeint haben sollte: Die Verwüstung unserer Vorstellungskraft durch die Mode und die herrschende Ästhetik hat schließlich auch manchen Schriftsteller getroffen. Nirgendwo

ist die Diskrepanz zwischen Vorstellung und Wirklichkeit größer und schmerzlicher. Das Weiche, Weibliche, das Nachgiebige, erweist sich als das Harte. Nichts scheint schwieriger als die leichte Schwere, das Gewicht in seiner Leichtigkeit und Grazie zu beschreiben, diesen *Chic des Massiven* (Djuna Barnes); üppig aber dennoch leicht ... Selbst Peter Rühmkorf, der doch immerhin die Bezeichnung „anschauliche Füllen" erfunden hat, lässt uns grausam im Stich – die entsprechenden Auszüge aus seinem Tagebuch erspare ich Lesern und Leserinnen.
Da gibt es noch diesen Ausschnitt aus einem Ganzen: Es sind diese rundlichen Arme, die der brasilianische Schriftsteller Machado de Assis in seiner Erzählung „Frauenarme" beschrieben hat. Ihr Anblick genügt, um einen jungen Mann namens Ignacio „alles ringsum restlos vergessen" zu lassen. Diese Arme waren „schön und voll, genau wie ihre Trägerin, die eher üppig als schlank zu nennen war", sie waren „geistig gesprochen, sein Ruhekissen. Er ertrug alle Plackerei im Dienst, alle Schwermut der Einsamkeit und Stille, jede Schmähung des Chefs, nur um des einzigen Entgelts willen, dreimal am Tage ein Paar wunderschöne Frauenarme sehen zu dürfen".

Und damit sind wir wieder am Anfang angekommen, bei der positiven Wirkung rundlicher Formen auf das Gemüt. Ein bescheidenes, vorläufiges Fazit lässt sich ziehen. Alles Schwere oder gar Tragische, das auch zu diesem Thema zu gehören scheint, lässt sich leichter darstellen, wenn der herrschenden Ästhetik, dem schönen Schein, ein nachgeordneter Platz zugewiesen und dem Humor Raum gegeben wird. Und zwar von allen Seiten: von derjenigen, die es betrifft, als auch derjenigen, die sie anschauen und darstellen. Er ist bei der Beschreibung wesentlich und bei vielen überzeugenden Texten zu finden. Ohne dieses *Blinzeln* sind die „anschaulichen

Füllen“ in unserer Zeit kaum zu beschreiben. Es bildet das Fundament des künstlerischen Blicks auf diese Frau, die wir ernst nehmen, weil es uns hilft, den Tücken des neuzeitlichen Schönheitsideals und der Gesundheitsindustrie zu entkommen und unserem eingeschränkten minimalistischen Denken mehr Format geben kann. Und deshalb gilt für alle, die in diesen mageren Zeiten über das Füllige schreiben, das Wort von Wislawa Szymborska, das zum „Salz weiblicher Weisheit“ gerechnet werden kann:
„Heilige Einfalt der Beschreibung, stehe mir bei!“

# Ein Plädoyer für die *Duftleidenschaft*

*Du Duft, der meine Seele speiset …*
MUHAMMAD SCHAMSUDIN HAFIS

Die Kulturgeschichte des Parfüms ist wohl so alt wie die menschliche Kultur selbst. Archäologen haben bei ihren Ausgrabungen immer wieder Fläschchen und Döschen zutage gebracht, die sie als Behälter kostbarer Duftöle und Essenzen identifizieren konnten. Der portugiesische Schriftsteller Fernando Pessoa hat es auf den Punkt gebracht: „Mein Schmerz ist alt wie ein staubgefülltes Parfümfläschchen."

Teure Werbekampagnen mit verführerischen Fotografien wecken das Interesse an immer neuen Duftschöpfungen, nur die Zigarettenreklame konnte ihr noch das Wasser reichen – mit ihrem *Duft der großen weiten Welt.* Jeder Modeschöpfer, der sich einen Namen gemacht hat, bringt auch einen Duft heraus. Und wenn Peter Rühmkorf in seinem Tagebuch Carl Lagerfelds Modeimperium als „Parfümbude" bezeichnet, so ist das ein kleines ironisches Meisterstück. Assoziationen wie Würstchenbude stellen sich ein, wo es um *Haute Couture* und Luxus geht. Wenn man sich die teure Kleidung nicht leisten kann, so wenigstens das Parfüm, das duftende Surrogat. Und jeder, der etwas davon versteht, kann es wahrnehmen und erkennen. In dem Film „Der Duft der Frauen" bildet der Moment den Höhepunkt, in dem der blinde Herzensbrecher Colonel Slade den Namen des Parfüms einer Frau errät. Die Wirkung kommt einer Eintrittskarte gleich. Der unwiderstehliche Colonel hat den Verlust seiner Augen mit einem geschärften Riechvermögen unwiderstehlich kompensiert.

Genießen viele Frauen diese Düfte nur, um sich, ob sie es wissen wollen oder nicht, zum duftenden Objekt zu machen? Sind die kleinen, kostbar aussehenden Flaschen nur „ein Sargmuseum entwischter Hoffnungen“ – nämlich auf erotische Abenteuer? Diese Erklärungen der Germanistin und Kulturwissenschaftlerin Hannelore Schlaffer gefallen mir – und sie gefallen mir nicht. Warum diese Strenge gegen uns selbst? Sie erinnert mich an längst vergangen geglaubte Zeiten, in denen die Leidenschaft der Frau, sich zu schmücken und zu parfümieren als Ausdruck ihrer Passivität verurteilt wurde. Nun, so passiv sind wir doch gar nicht mehr! Warum parfümieren wir uns also immer noch? Weil wir alle kleine Narzissinnen, Prinzessinnen, Nymphomaninnen sind, verliebt in unser Spiegelbild und in unseren eigenen Duft?! Doch auch die Männer duften ... nach „Pour Monsieur“ oder – noch verräterischer – nach „Égoiste“, und offensichtlich genieren sie sich gar nicht und kaufen diese Marken mit Begeisterung.

Neu ist das alles nicht: Der Grieche Konstantinos Kavafis schrieb 1920 ein Epigramm, das um das Jahr 400 datiert ist und den Titel trägt „Junge Männer von Sidon“: „Der Saal führte zum Garten,/ Und der leichte Geruch von Blumen/Mischte sich mit dem Duft/ Der fünf parfümierten Männer von Sidon.“ Dies ist nur *ein* vielsagendes literarisches Zeugnis alter hellenistischer Kultur. Mit Hilfe unserer Schriftsteller und anderer Persönlichkeiten möchte ich versuchen, eine kleine Lobrede auf die Duftleidenschaft zu halten. Sie ist, damals wie heute, mehr als es uns die Parfümindustrie und manche tiefgrabenden Analysen weiblicher (oder auch männlicher) Psyche suggerieren. Es lassen sich wunderbare Nischen finden, die sich Reklamerummel und gnadenlosen Objektzuweisungen entziehen. Natürlich hat es etwas mit Sinnlichkeit, mit Erotik zu tun. „Nachts trage ich nur

*Chanel No.5*“, sagte schon Marilyn Monroe. Aber es ist noch mehr und keineswegs nur die Begleiterscheinung von Reichtum und Luxus.

Unsere Empfänglichkeit für Düfte ist Teil einer Kultur, in der Essen und Trinken und Riechen, Denken und Fühlen zusammengehören. Da gibt es unzählige Beziehungsmöglichkeiten, Varianten und Zwischentöne, komplizierte Neuronen („Nervenfasern“)-Muster, denen selbst die Fachleute noch nicht vollständig auf die Schliche gekommen sind. Fragen wir Neurologen nach der Bedeutung des Riechens, so erfahren wir, dass der Geruchssinn wissenschaftlich rätselhaft ist. Durch Corona ist die Notwendigkeit, ihn zu untersuchen, noch dringlicher geworden. Diese Erklärungen schüren die Neugierde. Wir erfahren, dass die Geruchsinformationen auf einem anderen Weg ins Großhirn gelangen als die anderen Sinnesmeldungen. Dieser Sinn hat einen „privilegierten“ direkten Zugang über die Nasenschleimhaut oder auch nur die Haut, einen ausgeprägten Zugang zum „emotionalen Gehirn“, ja, er wird sogar als ein „nicht unbedeutender Gegenspieler unserer Vernunft“ angesehen; die Verführungen der Reklame haben es also leicht. Kein Wunder, dass uns gelegentlich „der Kopf verdreht“ wird – auch wenn die Duftmischung gar nicht dazu beigetragen hat.

Amüsant zu wissen ist, dass dem amerikanischen Komponisten und Liedtexter Cole Porter in seinem Song „Got everything out of you“ von der Zensur verboten wurde, das Wort Kokain zu gebrauchen; er musste es durch *Parfüm* ersetzen – was möglich war, ohne dass der Text an Sinn verlor.
Unsere Erwartungen an die Literatur sind groß. Sie könnte dieses „mehr“ und „nicht nur“ in Worte fassen, sichtbar machen. Der

Duft „an sich“ spielt in der Belletristik keineswegs eine untergeordnete Rolle. „Der Käfer riecht die Herrlichste von weit;/ hätt ich nur seinen Sinn, ich fühlte auch/ daß Flügel unter ihrem Panzer schimmern.“ – Die österreichische Lyrikerin Ingeborg Bachmann hat in ihrem Gedicht „Erklär mir Liebe“ beschrieben, was dieser Sinn doch alles vermag. Aber nicht jeder hat diese Gabe, auch wird dieser Sinn heute von einer gewissen Inflation heimgesucht, die Chemie macht es möglich. Es duftet allerorten, die tausend Wohlgerüche des Orients haben Einzug gehalten in die Haushalte des Westens. Die Berliner Geruchskünstlerin Sissel Tolas hat sich eingehend mit all den Möglichkeiten beschäftigt, die der Geruchssinn für den Menschen zugänglich macht. Sie sagt, dass es möglich ist, 10 000 Gerüche zu speichern – schließlich sollen wir über 30 Millionen Riechzellen verfügen.

Nicht nur Wissenschaftler, sondern auch „Aromatherapeuten“ kümmern sich um die Wirkung der Düfte auf das Wohlbefinden des Menschen, auch Psychologen und Psychotherapeuten wissen um die positive, angstmindernde Wirkung mancher Stoffe auf ihre Patienten. Die Parfümindustrie hat sich dieses Wissen zunutze gemacht. Bei vielen offiziellen Anlässen konkurrieren die „narkotischen Duftschwaden“. Bei Robert Walser lesen wir die Zeilen: „Das Esszimmer war von Parfums wie von schlangenhaften Linien“ durchzogen. Wir können nur ahnen, was für eine Gesellschaft sich dort im guten alten Esszimmer, dem Zentrum bürgerlichen Familienlebens, versammelt hat. Manchmal fühlen wir uns auch belästigt von diesen Düften, ähnlich wie von zu lauter Musik in allen Lebenslagen. Das alte Wort, dass ich jemanden *nicht riechen kann*, nimmt hier eine neue Bedeutung an. Schließlich gibt es Leute, die alle künstlich hinzugefügten Düfte nicht mögen, sie haben es lieber „pur“. So schreibt Gustave Flaubert in einem Brief an seine Geliebte Louise Colet: „Parfümier dich nicht, das beste Parfum bist du selbst, die Aushauchung deiner eigenen Natur." Hier soll jedoch ausführlich über die *zugefügten* Düfte gesprochen werden, die der Natur auf die Sprünge helfen, sie verstärken oder gar verwandeln, eine Kunst für den verlängerten Augenblick, flüchtig und nichtig, doch für unser Wohlbefinden so bedeutsam wie Musik oder ein gutes Essen. Annette von Droste-Hülshoff schreibt in einem ihrer schönsten Gedichte („Im Grase") die Zeile: „Von des Krautes Arome umhaucht." Wir lesen laut und das Aroma zergeht auf der Zunge! Schmecken und riechen gehören bekanntlich zusammen. Aber das Parfüm und seine Vorläufer, der wohlriechende Balsam und die duftenden Essenzen sind erstaunlicherweise selten literaturfähig; es scheint geradezu verpönt zu sein, über irgendwelche raffinierten Duftmischungen zu schreiben. Wahrscheinlich werden diese Düfte als unwichtig, als modischer Firlefanz oder eben als Ausdruck einer eher schwülen, primitiven Erotik angesehen. „Es riecht hier wie im Puff", pflegte ein Pfarrer zu sagen, wenn die Parfümdüfte weiblicher Gemeindemitglieder ihm zu sehr in die Nase stiegen. Ein klassischer Fall von Naserümpfen, der sich auch in der Literatur niederzuschlagen scheint. Sissel Tolas beklagt immer wieder die Unterscheidung von guten und bösen Düften, die uns schon als Kind eingeimpft werden. Rosenduft oder verwandte, „gehobene" Düfte werden gerne beschrieben, alles andere scheint nur einen Unterhaltungswert für jenes minderbemittelte Riechorgan zu haben. Schlechte Düfte wurden sogar dem Teufel zugeschrieben.

Beim Lesen der wenigen Texte, die sich doch noch finden ließen, wird deutlich, dass sogar der vermeintlich banale Duft eines Parfüms Auslöser sein kann für vorher nicht gekannte Wahrnehmungen, für ungeahnte Gefühle – sowohl des Abscheus als auch des Glücks. Auch er kann „Speise für die Seele“ sein – ich danke Dir für diese Formulierung, Schams od-Din Mohammed, großer Dichter der Perser, geboren im Jahre 1320, in Schiras, Stadt der Heiligen, der Rosen und der Poeten.

Die Frage, was für den Menschen von größerer Bedeutung sei, Hören und Sehen oder Riechen und Schmecken, stellt sich nicht mehr. Zunächst hatten wir wohl die Neigung, Ohr und Auge als Mittel der Erkenntnis zu sehen, Riechen und Schmecken jedoch „nur“ als Lustgewinn, als Genuss und zugleich als Relikt unserer Urahnen, als primitive Fähigkeit und gleichzeitig dekadente Verfeinerung. Aber mit jedem Text über den Duft, den wir lesen, wird es deutlicher: *Der Mensch ist, was er isst* kann durch *und was er riecht* erweitert werden. Es ist der Ausdruck eines Lebensgefühls, das den ganzen Menschen betrifft. Wer einen Duft gut wahrnehmen will, muss tief durchatmen. Riechen als Atemschule. Ein Sinn weckt den anderen und befähigt, neue Erkenntnisse zu gewinnen.

Das kann harmlos und unauffällig erscheinen: Die schöne Frau Seidenmann in dem gleichnamigen Roman von Andrzej Szczypiorski denkt an vergangene Zeiten, an das „schöne, heitere und freundliche Polen“. Für die alte Frau Seidenmann ist die Erinnerung ein Lebenselixier und „die schönste Gabe Gottes.“. Wie viele alte Menschen kann sie das weit Zurückliegende besonders gut in ihr Gedächtnis rufen. Hören, Sehen, Schmecken und Riechen *und* die Begegnungen mit Menschen erinnern an alte Zeiten und verklären sie: der Geschmack des Kuchens, die Pelze in den Schaufenstern, „der Duft der guten Kosmetika von Elizabeth Arden in der Parfümerie auf dem Krakowskie Predmie´scie, aber auch der Duft der Bücher im nahen Lesesaal von Koslowski, die

Cafés, Droschken, hübschen Frauen, freundlichen Männer, folgsamen Kinder".

Alle Texte legen Zeugnis davon ab, dass ein Schriftsteller nicht nur gute Augen, gute Ohren, sondern auch eine gute Nase sein eigen nennen kann. „Erinnern Sie sich an den Duft junger Frauen im Herbst?" So beginnt eine Passage des amerikanischen Erfolgsautors John Updike über einen komplexen Duft nach Tabak, Puder, Lippenstift, frisch gewaschenem Haar

> „verbunden mit jenem vielleicht imaginären, jedenfalls aber schwer zu bestimmenden Geruch, den Wolle – mag es sich nun um eine Jacke oder ein anderes Kleidungsstück handeln – auszuströmen scheint, wenn der wolkenlose Herbsthimmel gleich der blauen Glocke eines Vakuums die frohen Ausdünstungen aller Dinge zu sich heraufzieht. Dieser Duft, so zart und kokett bei den nachmittäglichen Spaziergängen durch das trockene Laub, vertausendfachte sich und lag wie die Luft in einem Blumenladen schwer auf dem dunklen Hang des Stadions, wenn wir freitags abends in der Stadt Football spielten."

Die „frohen Ausdünstungen aller Dinge..." Von diesen Schriftstellern können wir riechen lernen! Und natürlich von den Erzählern der orientalischen Welt, in deren Märchen aus *Tausendundeiner Nacht* die balsamischen Öle, die Duftessenzen, eine herausragende Rolle spielen, vor allem der Duftstoff Moschus. Das hat nicht nur Goethe in seinem Alterswerk, dem „West-Östlichen Diwan" inspiriert: „Herrlich bist du wie Moschus/ wo du warst, gewahrt man dich noch." In der Übersetzung des *Diwan* des persischen Dichters Hafis durch den Orientalisten Friedrich Rückert lesen wir die Zeilen: „Ihre Düfte haben die Violen/ Von dem Moschus deines Haars gestohlen." Der dem Haar eigene, natürliche Geruch ist so verführerisch, dass er mit dem starken Geruch des Moschus verglichen wird, der damals ein dominanter Bestandteil vieler Parfümkompositionen war, heute aber eine geringere Rolle spielt. Es ist der Sexualduftstoff des Moschusochsen, der von Frauen nicht immer als angenehm empfunden wird. Trüffel dagegen, die auch ein männliches Hormon enthalten, gelten vielen Menschen als Delikatesse. Die Schweine, die sie aufspüren, dürfen die kostbaren Knollen nicht essen. Bei Patricia Highsmith („Animal Murder") ist nachzulesen, wie ein solch armes Tier sich rächen könnte. Schließlich hat es die Trüffel nicht ohne Grund durch jenen Lockstoff erst gefunden. Wir lesen in dieser Geschichte, wie ein Mensch an den Folgen des missbrauchten Geruchssinns stirbt. Eine Variante der tödlichen Folgen kennen wir durch Eduard Mörike. Er beschreibt den betörenden Duft eines „Balsamfläschchens": „ Mich befängt ein Liebeszauberschwindel/ Wohlgeruch der Liebe will mich töten." In Patrick Süskinds Roman „Das Parfüm" wird Mörikes todbringender „Wohlgeruch der Liebe" zu einem wahrhaft mörderischen Produkt. Der Parfümeur entwickelt auf teuflische Weise einen Duft, der bewirkt, dass sich alle in ihn verlieben. Vielleicht haben ja die Frauen, die sich so gerne und so stark parfümieren, dass sie überall ihre „Duftmarke" hinterlassen, doch etwas Ähnliches in ihrer Vorstellung? „ ...dann stelzen sie vorüber / drei Wippvögel oder Schwiegerschwestern, / stark parfümiert und auf Wurmsuche" schreibt Friederike Mayröcker in „Gesponnener Zucker". Bei Süskind wird vorgeführt, zu welchem schrecklichen Ende dies führen könnte. Aber wir werden wohl kaum erleben, dass auf den Parfümfläschchen kleine Aufkleber auf die schädlichen Folgen dieser Duftkomposition hinweisen.

Ungefährlich, leichtfüßig und entspannend sind dagegen Hans Sahls Dufterinnerungen in seinen „Memoiren eines Moralisten".

Der Witz der Jahre, in denen der Schlager „Guck doch nicht immer nach dem Tangogeiger hin, was ist denn dran an Argentinien …“ gesungen wurde, wird wieder lebendig und macht jeden Kommentar überflüssig:

> Ich musste an unsere Tanzstundenzeit denken, kurz nach dem Abitur, Heinz Pol war auch dabei. Wir trugen Smokings und Lackschuhe und liebten Friedel Ehrlich, die nach „Mitsouko de Guerlain“ roch und einen Duft von Welt um sich verbreitete. (…) Sie war die erste Frau in meinem Leben, die sich parfümierte, sie war auch die erste Frau in meinem Leben, die ein Abendkleid trug, das vorn und hinten lang ausgeschnitten war, sowie lange, schwarze Handschuhe mit nackten Fingerspitzen, was meine Mutter veranlasste, Herrn Mackensen anzurufen und sich drohend nach der Telefonnummer ihrer Eltern zu erkundigen. Dann lernte Friedel Ehrlich einen Mann kennen, der besser Tango tanzte als wir, und fuhr mit ihm nach Argentinien. In meiner Schublade befindet sich noch heute ein kleines Flakon mit „Mitsouko de Guerlain“, das sie mir zum Abschied schenkte, und an dem ich manchmal rieche. Kanto und Heinz Pol schrieben schon damals für die „Vossische Zeitung.“: „Oh, ja, wir fingen alle sehr jung an!

Vergeblich suchen Sie hier nach einem jener zusammengehefteten Teile der Modezeitschriften, aus denen sich beim Öffnen ein guter Duft entfaltet. Es gibt dieses Parfüm zwar noch zu kaufen, ob es noch so riecht wie damals, weiß ich nicht, aber vielleicht erinnern sich unsere Eltern oder Großeltern. Die Gehirnforscher sagen, dass die Langzeit-Erinnerung an einen Duft sehr schwierig ist. Nur mit einer gewissen Begabung und Erfahrung wird ein Geruch an denselben in der Vergangenheit erinnern. Ein Geruch erinnert an einen Geruch. Aber ohne einen konkreten Geruch können wir nichts Riechendes in unserem Gehirn hervorrufen. Wohl aber können die Düfte selber Erinnerungen beschwören, Bilder hervorrufen, auch wenn es sich „nur“ um Parfümdüfte handelt. Aber wir könnten in eine Parfümerie gehen und uns den Duft auf eines dieser Duftkärtchen sprühen lassen und diese Kärtchen wie ein Lesezeichen zwischen die Blätter legen und riechend lesen oder lesend riechen ...

Wolfgang Koeppen beschreibt in „Tauben im Gras“ eine kleine Szene, in der es ebenfalls nach einem Duft von Guerlain riecht. Es wird wohl so sein, dass die kostbaren Duftschöpfungen von Guerlain in den Nachkriegsjahren der Inbegriff von Luxus waren und der Name für DAS Parfüm steht; es hat also nichts mit Schleichwerbung zu tun. Der Duft der Welt bedeutete damals den Anfang eines globalen Gefühls: Es riecht französisch und japanisch zugleich. Düfte überschreiten die ehemals feindlichen Grenzen und das – *ohne Worte*.

Namenlos sind die betäubenden Düfte, die aus den Dekolletés der Damen bei den Maskenbällen in den französischen Salons aufsteigen, und der italienische Schriftsteller Italo Calvino hat wie kaum ein anderer die Wirkung des Parfüms beschrieben. Die einleitenden Sätze zu seiner Erzählung „Der Name, die Nase“ sagen mehr als alle noch so begabten Essayisten und Analytiker es vermögen. Der Mann von Welt erkennt die Frauen an ihrem Duft:

> Unschwer wussten meine Papillen den Parfums ein Gesicht zu geben. (...) Für jede Haut einer Frau gibt es ein Parfum, das ihre Duftnote steigert, die Note der Skala, die ein Ensemble von Farbe Geschmack Geruch und Geschmeidigkeit ist, und so findet das Vergnügen, von Haut zu Haut zu gleiten, kein Ende.

Nur einen Duft kann er nicht erkennen und glaubt doch alles von *ihr* zu wissen. Es ist eine Welt ohne Worte, angesiedelt zwischen unseren Vorfahren aus grauer Vorzeit, die die Welt vornehmlich durch die Nase wahrnahmen, und Calvinos *künftigen Menschen ohne Nase,* die zu einem tauben Sinn verkommt, eine Schreckensvision, gegen die Calvino anschreibt:

> Bis *sie* erschien, eine schwarze Maske vor dem Gesicht, auf Schultern und Brust einen Schleier nach andalusischer Art, und vergeblich fragte ich mich, wer sie sei, vergeblich suchte ich, während ich ihr beim Tanzen näher kam als erlaubt, in meinem Gedächtnis nach einem Gegenstück zu jenem nie gekannten Parfum, das den Duft ihres Körpers enthielt wie die Auster die Perle. Ich wusste nichts von ihr, und doch schien mir, als wüsste ich alles von ihr in jenem Parfum, ich wünschte mir eine Welt ohne Namen, in welcher ganz allein jenes Parfum als Name genügt hätte, als Ausdruck für alle Worte, die sie mir sagen konnte.

Ein Parfüm, das mehr bedeutet als alle Worte, ein Duft, den niemand dingfest machen kann und der deshalb auch nicht in bequemer Reichweite für einen Schriftsteller liegt. Doch er kann ihn umschreiben, seine sich leicht verflüchtigenden ätherischen Öle einfangen. Dies bedarf nicht geringer Künste. Für Anfänger nicht geeignet. Nur ganz feine Federn und Fingerspitzen können das Luftige beschreiben und das, was die Parfümeure die „Basisnote“ nennen, zu Papier bringen und vernehmbar machen. Der Geruch ist flüchtig, und sein Verweilen ist von kurzer Dauer.
Wir werden immer wissen, wie Flieder riecht, aber der Geruch bestimmter Duftkompositionen, auch wenn sie eine natürliche Herkunft haben, ist wohl nicht für ewige Zeiten. Dieser Mangel ist

zugleich sein Vorzug. Ennio Flaiano, italienischer Schriftsteller und Drehbuchschreiber Fellinis, hat in „O Bombay" einen besonderen Duft beschrieben, den wir schon einmal gerochen haben könnten, vielleicht in einem Laden mit indischem Schmuck, bunten Stoffen, Räucherstäbchen und kleinen Glasfläschchen mit Gerüchen, aus denen uns eine andere, exotische Welt anweht. Eine Vorstellung entsteht in unserer Fantasie, die wir zwar nicht riechen können, aber doch denken zu riechen oder zumindest vermeinen. *Sie* „hinterließ eine Wolke von sehr altem, schwerem indischen Parfüm, das nach Heiligen roch- gestorben im Geruch der Heiligkeit und gerade erst mumifiziert." Flaiano wagt es den Geruch aufzuschlüsseln und zeigt, welche Stoffe auch in anderen Parfümmischungen wirksam sein könnten – was Ekel hervorrufen würde, wenn wir es wüssten.

Unsere etymologischen Wörterbücher geben magere Auskünfte über das Wort *Parfüm*, sie beschränken sich auf die französische und lateinische Herkunft (lat. „fumare" dt. „dampfen, rauchen"). Das deutet auf alte Zeiten, in denen Göttern Duftopfer dargebracht wurden. Beim Verbrennen gewisser Stoffe entstanden Duftschwaden, die in den Himmel stiegen und dort die verwöhnten Nasen der Götter erreichen sollten, um sich ihrer Gewogenheit zu versichern. Diese Gebräuche deuten auf eine spirituelle Bedeutung des Duftes hin, vermitteln etwas Göttliches, was heute vielleicht beim Schwenken des Weihrauchkessels zum Ausdruck kommt.

In einem Kommentar zu Ossip Mandelstams „Tristia" (von Ralph Dutli) steht etwas Erstaunliches, das einem lang gehegten Wunsch, meinen Erwartungen entspricht. Das russische Wort für Parfüm (*duchì*) ist etymologisch mit den Wörtern für „Geist" und „Inspiration" verbunden. Das stellt alle Spekulationen über dieses duftende, jedoch so luftige Objekt auf ein festes Fundament. Dies nenne ich einen würdigen Stammbaum. Wir müssen keine platte physiologische Herkunftsbezeichnung mehr bemühen – wie Dampf oder gar Rauch! In einem Brief zu seinem Buch „Die Reise nach Armenien“ schreibt derselbe Mandelstam: „Mein Buch spricht davon, dass das Auge ein Instrument des Denkens ist.“ Dies bestätigt unsere Überzeugung, dass auch der Geruch, dieser vermeintliche Gegenspieler der Vernunft, zu einem *Instrument des Denkens* werden kann, zu einer Quelle der dichterischen Inspiration – gelegentlich heimlich und meistens auf Umwegen. Ein Parfümduft kann die Fantasie unendlich beflügeln. Manchmal fängt es schon mit dem Namen an: *Jardins de bagatelle* ist einer der schönsten und vieldeutigsten. Es sind die weiten, paradiesischen Gärten, die in unserer Vorstellung erscheinen, erfüllt mit Wohlgeruch, leichte Nichtigkeiten von unaussprechlicher Bedeutung.

# *Unterwäsche* – ein Wort als Störenfried

*„Oh. Es gibt da eine Zeile von Joyce.“*

JOHN UPDIKE

Über ein elastisches Strumpfband in „Ulysses“

1985 gab es in Paris eine Ausstellung mit dem Titel: „De la mode et des Lettres“, in der neben den Texten auch Kleidung zu sehen war, die von französischen Schriftstellern beschrieben worden ist. Paris ist die Stadt der Mode, der Katalog war jedoch in seinem Design enttäuschend, altmodisch, ja bieder in der Aufmachung. Seit 2013 aber hat das kleine Museum eine Verjüngungskur gemacht und nennt sich „Museé de la Mode de la Cité de Paris“ und zeigt Ausstellungen von bekannten Modemachern wie Azzedine Alaia, Coco Chanel und Yves Saint-Laurent. Auch in Deutschland – meist in historischen Museen oder in Museen mit angewandter Kunst oder in der Galerie einer Bank in München – gibt es seit einigen Jahren ansprechend gestaltete Ausstellungen, in denen sowohl Kleider aus vielen Jahrhunderten zur Schau gestellt werden, als auch Kleidung von bekannten Avantgarde Modedesignern. Die Literatur spielt jedoch auf einer anderen Bühne; sie ist dafür nicht zuständig – so scheint es jedenfalls. Das Auge wird nur gelegentlich angesprochen, der Geist soll bestimmend sein. So hängen zwar in der Wohnung einer jungen Frau in Amsterdam „atemberaubende kleine Slips, weiß und hellblau, über einer Leine vor dem offenen Fenster“(Cees Nooteboom, „Rituale“). Das Wort „atemberaubend“ ist nicht zu überlesen und lässt Raum für die Fantasie – aber unmittelbar folgen Überlegungen über den „Begriff des mit Melancholie vermischten Glücks“. Die Angst, eigentlich unwichtige, kurzlebige Instinkte zu bedienen, spielt eine besonders große Rolle, wenn es um das geht, was *unter* der Kleidung getragen wird. Der Versuch, etwas darüber zu schreiben, mit dem Auge auf die Literatur, wird zu einem schwierigen Unterfangen. Die sinnliche Wahrnehmung von Äußerlichkeiten dieser Art nimmt nur einen Schattenplatz ein. Aber meine Muttersprache hat mich nicht im Stich gelassen und allerlei Erstaunliches zutage treten lassen – wie auch einen Blick über die Grenzen.

Die amerikanische Schriftstellerin Gertrude Stein hat das Wort geprägt: „Ein leichtes Weiß, eine Schande, ein Tintenfleck, ein rosiger Charme.“ Das Wort *Schande* gibt zu denken, wird aber mit Humor durch *Tintenfleck* und *rosiger Charme* entschärft. Diese Kleidungsstücke werden in deutschsprachigen Ländern heute am liebstem mit dem Wort „Dessous“ oder aber in der Schweiz und in den englischsprachigen Ländern mit „Lingerie“ umschrieben, weil es sich im Französischen eleganter, vielsagender anhört. Doch das Französische und die Kultur des Nachbarlandes spielte seit der Barockzeit zunächst nur in Adelskreisen eine wichtige Rolle. Heute klingt das Wort *Unterwäsche* bieder, weil es nur das benennt, was sich unter dem Kleid, der Bluse, dem Hemd noch befindet, nämlich *Wäsche.* Auch in der englischen Sprache heißt es schlicht und einfach: *underwear* und bezeichnet das, was Frau und Mann *darunter* tragen.

Die deutsche Sprache übertrifft jedoch in ihrer Vielseitigkeit das bescheidene Wort *Unterwäsche* bei weitem. Sie ist nicht nur in diesem Zusammenhang eine unerschöpfliche Fundgrube an Bedeutungen. So bedeutet das Wort *an die Wäsche gehen* nicht nur, dass jemand einen tätlichen Angriff auf jemanden verübt, sondern auch jemanden sexuell belästigt, wobei das Wort Wäsche merkwürdig neutral, ja nüchtern wirkt, weil damit sonst nicht nur die Unter-wäsche gemeint ist, sondern auch die Tisch- und Bettwäsche und überhaupt alles, was gewaschen wird. Es erinnert zudem an alte, längst vergangene Zeiten. Auch das Wort „Büstenhalter" wirkt altmodisch – bei dem Wort *Büste* stellen sich Assoziationen an eine Statue ein – oder auch an eine Frau mit großer Oberweite, etwas von Format, aber nicht unbedingt aufregend.

In der Zusammensetzung *Reiz-wäsche* klingt heute *Porno-shop* mit, und da geht es eher „nur" um Sex. Dass hier Anglizismen bemüht werden, ist vielsagend. Das deutsche Wort *Geschlechtsverkeh*r klingt abtörnend-sachlich und auch *Beischlaf* nicht sehr inspirierend, *vögeln* hat einen frechen Unterton, ist nicht ohne Witz, vielleicht weil es – wie das vielsagende *abtörnend* – aus der Umgangssprache stammt; etymologisch ist es schon für das Mittelalter belegt. Auch Goethe hat es mehrfach in seinen Schriften verwandt. Lustig ist ein Wort aus der bayrischen Mundart, in der von *stopseln* gesprochen wird und ein Stopsel ist ganz einfach eine Geliebte(oder ein Geliebter?). Auch wenn dies eine „sehr am Mann ausgerichtete Bedeutung" (H.G.) hat, so möchte ich diese bayrischen Wörter aus der Umgangssprache nicht unter den Tisch fallen lassen.

Glücklicherweise gibt es noch im Hochdeutschen das schöne Wort *Liebesspiel*. Es ist ein eher poetischer Ausdruck, der die Vorstellung beflügeln kann; und somit könnte der gemeinsame Sprachgebrauch von Liebesspiel und Dessous von einer sprachlich gelungenen deutsch-französischen Allianz zeugen. Die Übersetzung für „Dessous" freilich heißt nichts anderes als *unten, darunter;* es wird in dieser Bedeutung in Frankreich nur für die Damenwäsche benutzt und so kann dieses einfache Wort der Fantasie mehr Raum geben als das deutsche (und englische) *unter* in der Kombination mit *Wäsche*.

*Reizend* ist ein akzeptiertes Beiwort, man spricht von einer reizenden Frau, während *aufreizend* schon wieder in Richtung Reizwäsche geht. Wiederum wird mit schöner Leichtigkeit von den Reizen

einer Frau gesprochen. Hier lässt sich die Verwandtschaft mit reizvoll herstellen – entsprechend dem Vorstellungsvermögen der Betrachter. So viel lässt sich als Zwischenbilanz sagen*: Das deutsche Wort Wäsche entpuppt sich als Störenfried.* Wie gut, dass es in der deutschen Sprache noch weitere zahlreiche Spielarten gibt:
Wenn eine Frau mit ihren Reizen nicht geizt, wirkt es schon wieder ein wenig aufdringlich, ohne *Raffinement*; und schon winkt wieder die französische Lebensart. Könnte es sein, dass das Liebesleben unserer französischen Nachbarn und alles was damit verbunden zu sein scheint, immer schon und auch heute noch überschätzt wird? Es bleibt wohl so, dass das Französische in der Modewelt den besten Klang hat, sie haben darin sogar den Italienern den Rang abgelaufen. Auch wird das dazugehörige Thema in der französischen Literatur mit weit größerer Offenheit behandelt. Aber es geht hier ja „nur" um Unterwäsche.
Eine mir bekannte Ausnahme bildet Arno Schmidt, der sich mit Witz und unverblümt die Bademode, einen Bikini, vornimmt, welcher sich im Aussehen zu seiner Zeit nicht von den Dessous heute unterscheidet:

> *und Alles in Badehose, beziehunxweise Bikini*: einst würde der Zeitpunkt kommen – und wenn ich mir Hannah Moore so ansah, schien er nicht mehr fern – wo wir *getrennte* Leseschtundn für Männer & Frauen einzurichtn habm würdn: hinten hatte sie fakktisch nichts mehr! Der Bint-Fadn, der ihre Cups zusammenhielt, war schwerlich zu rechen; und auch die T-Schtrippe, *untn*, nicht; (die überdies noch größtnteils zwischen ihrem Poo-poo verschwant; die Verheerungen, die sie anrichtete, überschtiegen schon jetzt das Maaß des Schicklichn; sie schritt wie durch ein Mimosenfeld! (Das heißt: die klappen ja die Zweiglein nach *untn*, oder?)

In diesen Tagen sieht es so aus, als ob die offenherzige Bademode von damals mit ihren aus Brasilien importierten *Tangas*, wo sie ursprünglich einen Lendenschurz der Indianer bezeichneten, sich mehr auf das *Darunter* verlagert hat. Es stellt sich die Frage: Wie sieht die Unterwäsche von Mädchen und Frauen aus, wenn sie *darüber* enge, verwaschene, ausgefranste und durchlöcherte Jeans tragen, (während junge Männer weite tiefhängende Hosen vorziehen)? Das *Darunter* zeigt meist Farbe, Rüschen und Spitze und fühlt sich gut an – mit oder ohne Bügel – und wird heute öffentlich zur Schau gestellt. So war die junge amerikanische Mezzosopranistin Nadine Sierra noch vor wenigen Jahren mit einem hautfarbenen BH unter einem weiten spitzen Ausschnitt zu sehen – so dass es von weitem aussah, als wäre sie darunter nackt. Und auch sonst hat eine elegante, auffallende bis freizügige Kleidung der Künstlerinnen ihren Einzug in die Welt der Oper und sogar in die der klassischen Musik gehalten. Nicht nur das Ohr, auch das Auge darf jetzt eine Rolle spielen, was einigen Hörern nicht gefällt, dem Geist der Musik nicht zu entsprechen scheint. Es geht hier eindeutig um *fortschreitende Sinnlichkeit*, die für manche zugleich eine Abwertung bedeutet. Darüber lässt sich trefflich streiten! Auch bei den Auftritten der Männer auf den Konzertbühnen lässt sich eine Veränderung feststellen – ein lohnendes Thema auf einem anderen Blatt!
Wenn aber im Alltag die Kleidung meist junger Leute– absichtlich, kaum aus Geldmangel – einfach bis abgetragen aussieht, was darunter getragen wird, kompensiert. Auch ist die Mode von bekannten Designern viel kostspieliger als ihre Unterwäsche, die den Namen *couture lingerie* trägt. Immer wieder macht sich auch die Auffassung breit „Mein Busen gehört mir." BHs, besonders die mit Bügel, werden als unnötige, einengende, frauenfeindliche Erfindungen gebrandmarkt – auch wenn heute keine Feuer mehr entzündet werden, in welche Frauen ihre Folterinstrumente

werfen. Aber das werden sich in diesen Tagen nur wenige zu Herzen nehmen, zu groß sind die Anziehungskraft, das Begehren und die Lust am Spiel. Bei den *Dessous* ist das Ausziehen wichtiger als das Anziehen – wenn man es mit dem männlichen Blick sieht. Jean Paul gehört zu den Schriftstellern, die immer ein Auge für die Kleidung der Frauen hatten und ihre Bedeutung erkannten. Er behauptet – im 18. Jahrhundert: „Wenn sich die Weiber so lange aus- als anzögen, so würde keine verführt.“ Erst im späten Jahrhundert des Schriftstellers wird das so zeitaufwändige Schnürkorsett endlich für gesundheitsschädlich erklärt und durch ein normales, immer noch unbequemes Korsett ersetzt – bis es schließlich deswegen abgeschafft wird. Nur in gewissen *Etablissements* ist das Korsett noch zu sehen und erweist sich bis heute als ansehnlich und verführerisch. Später wurde das Darunter auch in der Alltagsmode zum Darüber. Die britische Modeschöpferin Vivienne Westwood hat dem Korsett wieder zu mehr Bedeutung verholfen. Sie versteht es, ihm etwas Aufreizendes zu verleihen und es gleichzeitig ironisch zu interpretieren. „Wer sich ironisiert, erotisiert nicht“, sagt die Österreicherin Elfriede Jelinek. Vivienne Westwood jedoch schafft beides. Bemerkenswert ist auch die Korsage der Popsängerin Madonna mit ihrem von dem Modeschöpfer Thierry Mugler entworfenen aggressiven BH, der zwei auffallende zugespitzte „Körbchen“ aufweist, von dem die niederländisch-amerikanische Essayistin Ethel Portnoy sagt: „Dies ist der BH von Brunhilde, Schild und Waffe zugleich.“ Es gab zu Jean Pauls Zeiten – neben dem Folterinstrument Schnürkorsett für eine schlanke Taille – noch nicht das, wofür wir heute immer mehr das Wort Reizwäsche verwenden können. Unterwäsche war für die meisten Frauen, was heute Funktionskleidung genannt wird, und musste praktisch sein. Der Schriftsteller Ascan Klée Gobert nennt die Wäsche jener Zeit (bis zum Ersten Weltkrieg) „Zacke und Loch“, weil

> die sparsame Andeutung von Reizwäsche, welche sich an den Unterröcken und Hemden der Damen befand, ein einfacher Halbkreis – man nennt es festoniert –aus welchem ein ebenso gearbeitetes Loch wie ein Auge herausschaut, somit eine Verzierung, welche, jenseits jeglicher mit Jupons verbundener schlüpfriger Gedankensprünge, ganz besondere Bravheit symbolisiert.

Ein Jupon war ein knöchellanger, mit Spitzen verzierter, Unterrock wie ihn auch die Damen am Hof des französischen Königs Henri IV, trugen, der für seine Liebschaften bekannt war und über dessen Hofleben der toskanische Botschafter schrieb, dass es eher einem Bordell als einem Schloss gleiche.
Was heute in ganz normalen Schaufenstern vieler Wäscheläden zur Schau gestellt wird, ist das, was lange als Reizwäsche angesehen wurde. Auch heute überschreiten diese für manche Betrachter immer noch gewisse Grenzen – so wie die Anwesenheit eines Mannes in einem dieser kleineren Läden als störend empfunden wird, weil man diesen bewusst betreten muss – nicht wie in den Kaufhäusern, wo man in die Abteilung Unterwäsche hineinläuft, oft ohne es zunächst zu bemerken. Inzwischen hängen diese Wäschestücke schon auf der Straße – griffbereit. Sie werden aber immer weniger als aufreizend empfunden, sie sind zu einer schönen Ware, zum Konsumgut geworden und in wenigen Fällen noch sexueller Sprengstoff.
Hat Tucholsky noch recht, wenn er über die österreichische Sängerin und Schauspielerin Fritzi Massary sagt, sie sei die einzige Darstellerin der *grande cocotte* – den Franzosen ist nicht zu entkommen – in Deutschland, „weil bei den deutschen Schauspielerinnen die *frivolités* meist im Ausschnitt der Kleider, manchmal im Kopf, aber nie im Blut sitzen“. Er schreibt weiter: „die zeigt sie nie, lässt sie

erraten, wie ein Spitzenhemd nur erraten lässt, und schwebt auf den fulminantesten Pointen einer Diwansituation mit virtuoser Leichtigkeit." Die österreichischen Frauen schienen für ihn aus der K.u.K-Zeit etwas hinübergerettet zu haben, was den deutschen Frauen, besonders denen aus den ehemals von Preußen regierten Landesteilen, fehlte und was die Österreicherinnen und andere Frauen aus der ehemaligen Donaumonarchie wiederum den Franzosen näher bringen würde. Aber vielleicht gehört dies alles in den Bereich des „Habsburgischen Mythos", in die Vergangenheit. Jetzt bleibt es nur noch dem Psychiater für Paartherapie überlassen zu sagen: „Seien sie verführerisch!"

Es gibt in Deutschland und anderswo viele Frauen, die diese Reizwäsche in erster Linie nur für sich anziehen, sie finden sich attraktiver und in ihrem Selbstbewusstsein gestärkt, wenn es unter der Kleidung etwas gibt, das nach außen nicht unbedingt sichtbar ist und oft ein Stilbruch ist gegenüber dem, was sie darüber tragen. Sie tragen diese Wäsche mit Stolz und fühlen sich wohl. Selbst hier trifft zu, was Hannelore Schlaffer allgemein über Mode formuliert: „Die ganze Seligkeit der Selbstgestaltung will der Moralismus nicht wahrhaben." Diese *Dessous* sind jedenfalls mehr als nur Unterwäsche. Auch ist luxuriöse Unterwäsche nicht mehr das Privileg höherer Gesellschaftsschichten. Was früher einer gewissen Intimität bedurfte, wird heute immer weniger ein Tabu, was die erotische Anziehungskraft der Dessous letztlich aber schmälert, ja zu einem schönen, aber von der Inflation betroffenen Objekt werden lässt, es ist allenfalls noch *sexy.*

Dies alles auch als Sieg über die Engherzigkeit und fehlende Sinnlichkeit des preußischen Protestantismus anzusehen, greift zu kurz. Eher ist es der Geschäftstüchtigkeit der Wäschefirmen, der zunehmenden Kommerzialisierung zuzuschreiben, was einerseits zu Gleichgültigkeit, andererseits zu männlichen Übergriffen führen kann – und das in Zeiten, in denen schon die Möglichkeit, den nackten Fußknöchel und die Haare oder gar das Gesicht einer Frau zu erblicken, für strenge Muslime strafwürdig ist. Aber unter dem schwarzen Hijab können sich Wäschestücke verbergen, die staunen machen, was eigentlich nicht erstaunlich ist. Eine Studie der amerikanischen Autorin mit jordanischen Vorfahren Mali Halasa über syrische Dessous („The Secret Life of Syrian Lingerie – Intimacy and Design"), veröffentlicht 2008 in der Schweizer Zeitschrift „Du" mit dem Untertitel „Wettbewerb der Tangas", ist interessant zu lesen – wenn auch nicht unumstritten. In der arabischen Welt war Damaskus vor dem Krieg und teilweise noch heute das, was für den Westen Paris ist – aber auch hier lassen sich sehr unterschiedliche Gebräuche finden. Die Diskrepanz zwischen Stadt und Land spielt eine Rolle, die Tradition und die Rolle der Religion. In ihrer Studie schreibt Mali Halasa: „Syriens gewagte Damenunterwäsche verkörpert sowohl Fantasie als auch Frustration." Sie ist Kleidung für Innenräume. Die Verkäufer sind meist Männer und die Anwesenheit von Männern in diesen Läden für Dessous ist weit häufiger als bei uns. Sie kaufen das, was sie an ihren Frauen sehen wollen. Oft wird diese „exotische" Wäsche, also aufreizende, fantasievolle Unterwäsche, die manchmal sogar essbar ist, von einigen syrischen Frauen mit einer bestimmten Gesellschaftsschicht oder Religiosität in Verbindung gebracht. In den Interviews sagt eine Frau: „Diese Dessous bringen mich nur zum Lachen. Sexy finde ich sie überhaupt nicht!" Und sie äußert die Meinung, dass diese Art von Dessousmode „sehr altmodische Ideen zur Sexualität weniger gebildeter Schichten in Syrien widerspiegeln". Wieder eine andere meint, dass „die Dessous für Christen peinliche, altmodische Dinge wären; für Muslime hingegen sei dies alles etwas ganz Normales; sie akzeptieren sie nicht nur, sondern erfreuen sich auch an ihr." Je religiöser eine Region geprägt sei, desto gewagter wären demnach die Dessous

– eine Feststellung, die vor einigen Jahrzehnten im christlichen Abendland nicht nur peinlich, sondern auch gang und gäbe war.

Das Thema Unterwäsche ist voller Überraschungen, und die Neugierde auf literarische Texte wächst – wer sonst als die Schriftsteller könnte die Ambivalenz der Gefühle, das Spiel mit den Bedeutungen zur Sprache bringen? Welche Rolle könnte in diesem Zusammenhang eine Schauspielerin wie Marlene Dietrich spielen, deren Ruhm bis in die Gegenwart reicht? Die Essayistin Gisela Wysocki sagt, sie verfüge nur über einen „preußischen Ajax Charme". Dieser muss jedoch einigen Männern gefallen haben, einer ihrer Verehrer war der Schriftsteller Erich Maria Remarque. In seinem international erfolgreichen Werk „Arc de Triomphe" hat er ihrer Liebesbeziehung in den Figuren der Joan Madou und Ravic im besetzten Paris ein Denkmal gesetzt.
„Ajax is unfair to lovers", sagt auch die amerikanische, in Berlin lebende Künstlerin Dorothy Iannone, die diesen Spruch auf einem ihrer Bilder verewigt hat. Auch wenn ihre Werke noch oft als obzön interpretiert werden, sie versuchen nichts anderes als der Sexualität ihre wesentliche, befreiende Bedeutung zu geben und sind ein Zeichen „paradiesischer Lebensfreude"(Klapheck) – für Frauen und Männer. Und so bekam diese Künstlerin 2014 nicht nur eine große Einzelausstellung in der „Berlinischen Galerie"; ihre Bilder sind auch Teil von Sammlungen bedeutender Museen – weltweit. Aber sie bleibt weiterhin auch innerhalb der Kunstwelt eine Ausnahme, an die sich mancher heute noch gewöhnen muss. Doch allein das Thema dieses Essays ist für die meisten Leser, wenn nicht peinlich, so doch ganz einfach banal und nicht der Rede wert. Aber selbst das Beschreiben von *Unterwäsche* in einem entsprechenden literarischen Text kann die *Poesie der Kleider* sichtbar machen. Das ist nicht zuletzt eine Stilfrage: Wie viel Sinnlichkeit ist erlaubt?

In diesem Zusammenhang ist das Dirndl einer näheren Betrachtung wert. Nicht nur in Bayern und Österreich erfreut es sich wachsender Beliebtheit. Ist es zunächst eine Möglichkeit, mit einem tiefen Ausschnitt allzu strengen Moralvorstellungen ein Schnippchen zu schlagen, eine Art, „verdrängten Exhibitionismus mit tatsächlicher Entblößung zu kombinieren“- so der Psychologe John Carl Flügel über das Dékolleté. Oder ist es ganz einfach kleidsam und für die Gastronomie geschäftsfördernd? Auch die britische Modedesignerin Vivienne ließ sich vom Dirndl inspirieren. Sie entwarf eine freche und freizügige Mischung – weit entfernt von dem, womit sie ihre deutschen Studenten in Hamburg mit Urteilen wie „no design“ oder, noch schlechter, mit „Hausfrau“ schreckte. In diesen Tagen ist es auch bei jungen Frauen zu einem gern getragenen gefälligen Kleidungsstück geworden – nicht nur auf dem Oktoberfest, wo sich sogar asiatische Frauen in meist kurzem Dirndl zeigen.
Mit einem Text der Schriftstellerin Eva Demski in ihrem Roman „Afra“ möchte ich den Ausflug in die Trachtenmode, zu der ja auch das Dirndl ursprünglich gehört, beschließen:

> Hundert oder mehr Leute aus dem ganzen Gäu schauten sie an, in ihrer Tracht, die ihr den Busen bis fast ans Kinn drängte, Samt und Seide, gottlos und dreist. Es trugen viele Frauen Tracht, schon weil sie nichts anderes anzuziehen hatten, aber an keiner sahen die schwärzlich glühenden Farben und die üppigen Falten so aus wie an der Theres. keine füllte die truhensteifen Kleider, die Mieder und Röcke wirklich aus. Das Zeug hing an den anderen traurig herunter, sie sahen hungrig aus, grau und krumm, auch wenn viele jung waren wie die Theres.

Nach diesem Exkurs wieder zu dem, was unter den Kleidern getragen wird. Bei den Dessous nimmt neben Weiß die Farbe Schwarz einen besonderen Platz ein. Natürlich hat *Ennio Flaiano,* Drehbuchschreiber Fellinis und auch in seinen anderen Schriften ein aufmerksamer Betrachter seiner römischen Mitbürger, in seinen Werken diese schwarzen Erinnerungstücke nicht unerwähnt gelassen, wie zum Beispiel einen schwarzen Spitzenunterrock, der sich – in familiärer Umgebung, nämlich mit anderen Wäschestücken an der Leine aufgehängt – „mit der Grazie eines Lockrufs im Winde bewegt". Auf seine amüsierte bis spöttische Weise spricht er über die ewigen Obsessionen des Italo Liebhabers, die ihm immer neue Fallen stellen. In „Morgen in der Schlacht denk an mich" eines anderen *Latin Lovers,* dem spanischen Schriftsteller Javier Marías, spielt der schwarze Büstenhalter einer Sterbenden eine besondere Rolle; er schreibt nach ihrem plötzlichen Tod: „... die Kleidungsstücke atmeten noch." Besonders die dem Körper nahen Kleidungsstücke werden hier als Teil des weibliches Körpers wahrgenommen, die noch über den Tod hinaus Leben zeigen, sie bleiben hautnah. Weibliche Requisiten spielen eine wichtige Rolle bei Marías, er nennt sie immer mit einer gewissen Distanz „Frauensachen", was auch seinem eher harten Blick auf Weibliches entspricht, dem männlichen Blick des Eroberers. Sehr zurückhaltend äußert sich dagegen Peter Walsh in Virginia Woolfs Roman „Mrs. Dalloway":

> Man mochte sich vorstellen, dass der Tag, der Londoner Tag, eben erst beginne. Wie eine Frau, die ihr bedrucktes Kattunkleid und ihre weiße Schürze abgestreift hat, um Blau und Perlen anzulegen, wechselte der Tag sein Kleid, legte Tuch ab, legte Tüll an, verwandelte sich in Abend, und mit einem freudigen Seufzer, wie eine Frau ihn ausstößt, wenn sie ihren Rock zu Boden gleiten lässt, warf auch der Tag Staub, Hitze, Farben ab.

Was darunter ist, können wir nur ahnen, beschrieben wird es nicht, aber der freudige Seufzer lässt Deutungen zu. Das viktorianische Zeitalter, das besonders prüde gewesen sein soll, könnte hier seine Spuren hinterlassen haben, was wohl Theodor Adorno in „Minima Moralia" zu dem Ausspruch veranlasst hat: „In den angelsächsischen Ländern sehen die Dirnen aus als ob sie mit der Sünde zugleich die Höllenstrafe mitlieferten."
In der gehobenen Literatur sind Texte über *Dessous* rar. Eine bemerkenswerte Ausnahme ist Wolfang Koeppen, der in seinem Nachkriegsroman „Tauben im Gras" eine Szene beschreibt, in der ein schwarzer Amerikaner mit dem Vornamen Washington für seine deutsche Geliebte Wäsche kaufen möchte. Die Verkäuferin, schreibt der Schriftsteller, trägt selber, was man damals „Nuttenwäsche" nannte und heute zu Dessous avanciert ist:

> Er deutete unentschlossen auf die leichten Gewebe der erotischen Verführung. Washington legte seine große braune Hand auf ein Stück gelber Seide. Die Seide verschwand wie ein gefangener Schmetterling unter seiner Hand.

Dieses schöne, poetische Bild macht vielleicht verständlich, warum es immer noch schwierig ist, eine Beschreibung für diese Art von Wäsche zu finden, die weder pornografisch noch anderweitig heikel ist. Das Strumpfband von James Joyce aber steht über jedem Verdacht.

# *Schmuck* – Herrlich, so schmeckt die Prärie

*„Conveying zest for life is a fundamental principle of all jewelry“*

ANTJE VON GRAEVENITZ

(„Das wesentliche Prinzip allen Schmucks ist es, die Lebensfreude zu fördern“)

Die französische Schriftstellerin Simone de Beauvoir hat in „Das andere Geschlecht“ mit ihrem Werk bis heute maßgeblich dazu beigetragen, die Rolle der Frauen neu zu definieren; als Frau – so schreibt sie – werde man nicht geboren, sondern erst dazu gemacht.
Und so behauptet sie, dass das Verlangen nach Schmuck und anderen Äußerlichkeiten auf die unbefriedigte Sinnlichkeit der Frau schließen lasse, kostbare Ketten und Ringe seien nichts als Kompensation für die raue erotische Wirklichkeit. Mit dieser Einsicht können Frauen heute – so möchte man meinen – nur noch nach der Devise leben; *Schmucklosigkeit ist das Gebot der Stunde* – oder aber sie beschließen, darin nichts als eine schon längst überholte Einsicht zu sehen, der man auch früher schon begegnet ist, wenn auch unter anderen Vorzeichen. Immerhin sind seit dem Erscheinen von „Das andere Geschlecht“ mehr als siebzig Jahre vergangen. Was de Beauvoir schrieb, war nicht nur damals wichtig, sondern gilt in mancher Hinsicht auch heute noch. Glücklicherweise aber hat sich vieles verändert, und die Worte Simone de Beauvoirs können in einem anderen Licht gesehen werden. Was die Journalistin Claudia Fromme 2010 in einem Artikel der Süddeutschen Zeitung über die große Schmuckausstellung von Cartier in Prag schreibt, könnte Frauen allerdings einer Illusion berauben: „Wenn eine Frau opulenter Geschmeide ansichtig wird, brennt es im Sicherungskasten. Das Belohnungszentrum im Hirn wird aktiviert, und angefeuert durch Hormone stellt sich ein Gefühl ein,

wie sonst nur nach Drogen, Sex und Schokolade."
Was nun? Es bleiben mehrere Möglichkeiten: Sollten Frauen sich hier nicht angesprochen fühlen, machen sie sich etwas vor, oder sie haben sich von dieser Sucht befreit. Oder sie könnten genau wissen, was es ihnen bedeutet, wenn sie sich Schmuck kaufen oder schenken lassen. Es gibt auch Frauen, die gar keinen Wert auf diese Dinge legen. Es ist es auf jeden Fall wert, das Thema unter die Lupe zu nehmen. Gibt es Schriftsteller, die sich mit Schmuck beschäftigt haben? Nur wenige gut geschriebene Zeilen könnten gnadenlos formulierte Zuspitzungen aufwiegen, vielleicht gar ad absurdum führen.

Wenn wir – ohne viel zu überlegen– an Schmuck denken, so erscheint in unserer Vorstellung zunächst „echter" Schmuck: Perlenketten, Edelsteine, Diamanten und natürlich Brillanten, die nichts anderes sind als durch einen Schliff besonders schillernde Diamanten. Gustave Flauberts unglückliche Madame Bovary sieht in ihren Tagträumen nicht nur Mondschein und Küsse; sie sehnt sich nach einem Leben in Schlössern mit „seidenen Vorhängen und dicken Teppichen" und – nicht zuletzt – „funkelnden Brillanten und goldstrotzender Dienerschaft". Diese maßlosen Wünsche sollten ein schreckliches Ende nehmen. Wenn man dem Schriftsteller Ennio Flaiano, Drehbuchschreiber Fellinis und immerwährendem Geheimtipp der italienischen Literatur, Glauben schenken darf, so las Emma Bovary – wie viele andere Frauen ihrer Zeit – Walter Scotts romantische Ritterromane, also Liebesgeschichten. Diese waren an ihrem Wahn nicht unschuldig. Und deswegen schreibt Flaiano:„Wenn Madame Bovary *„Madame Bovary"* gelesen hätte, hätte sie dann nicht ihre Träumereien gezügelt?"

Über die Zurschaustellung von Schmuck beschreibt Ennio Flaiano in seinem „Nächtlichen Tagebuch" eine Familie, die zu den

Neureichen gezählt wird, und deren Sohn, der durch den plötzlichen Reichtum seiner Eltern zu einem kleinen „Monstrum plebejischer Eitelkeit" geworden ist und eine goldene Stoppuhr am Handgelenk und einen großen Goldring trägt. Von den Eltern heißt es „Der Vater, die Mutter, kuhähnlich und mit Goldketten behängt..."

Die Beschreibung von Schmuck hat, wie hier bereits deutlich wird, viele Facetten. Schmuck *an sich* ist noch keiner negativen Sicht unterworfen, wohl aber die Auswüchse dieser Leidenschaft, die Suchtpotential in sich trägt, wobei die „ Neureichen", die Flaiano beschreibt, letztlich nur die anderen, „richtigen" Reichen nachahmen, weil sie dazugehören wollen. Bei Guy de Maupassant ist nachzulesen, welche schrecklichen Folgen dieser Wunsch haben kann. Er schrieb mit „Die Perlenkette" eine Geschichte über die verheerende Wirkung einer Kette, die nur für einen einzigen Tag die Besitzerin gewechselt hatte: Eine Dame leiht ihrem Dienstmädchen für dessen Hochzeit eine Perlenkette – damit der Schmuck dem Anfang dieser Ehe ein wenig Glanz, ein höheres Ansehen beschert. Diese gut gemeinte Tat gerät zu einem Fluch für das weitere Leben der jungen Frau. Die Kette kommt abhanden und die junge Frau kauft in ihrer Verzweiflung eine neue. Diese muss sie Zeit ihres Lebens durch zusätzliche Arbeit abbezahlen, bis sie am Ende ihrer Kräfte ist. Sie wird schließlich krank. Durch einen Zufall trifft sie in ihrem Elend die ehemalige Dienstherrin und berichtet ihr, was geschehen ist. Zu spät erfährt sie die grausame Wahrheit, dass der Schmuck nur eine Imitation gewesen war.

Doch nicht genug! Schmuck kann auch eine dämonische Seite haben, wie bei E.T.A. Hoffmann, dessen Erzählung „Das Fräulein von Scudéry" (in „Die Serapionsbrüder") beschrieben wird. Es ist eine Kriminalgeschichte, in deren Mittelpunkt ein Pariser Juwelier steht. Es geht um die große Faszination, die Schmuck auf Menschen ausüben kann und die zu einer Leidenschaft führt, die Formen der Zerstörung annimmt. Es sieht nach einer schwierigen Suche aus, ein paar gelungene, mit leichter Hand geschriebene Sätze, nach etwas Poesie im Blick auf ein schönes Kunstwerk von der Hand eines begnadeten Juweliers zu finden. Vielleicht könnten sie auch etwas Positives über diese Schmuckleidenschaft zur Sprache bringen.

Aber auch in Goethes „Faust I“ muss der Schmuck zunächst im Verborgenen bleiben. Faust hat Gretchen noch einmal Schmuck geschenkt, nachdem der erste von der Mutter entdeckt und – als *unrechtes Gut* erkannt – dem Priester übergeben wurde, der ihn gerne dem Kirchenschatz einverleibt. Die Tochter zeigt das neue Geschenk Marthe, ihrer Nachbarin und Vertrauten. Sie beklagt sich, dass sie ihn in der Öffentlichkeit nicht tragen kann und ihrer Mutter nicht zeigen darf.

Der Blick der anderen! Ohne ihn ist die Freude nicht vollkommen – schon lange vor dem Medienzeitalter; er kann jedoch zu einer Gefahr werden. So nimmt die Geschichte mit Faust kein gutes Ende. Halskette und Perlen haben eine unrühmliche Rolle gespielt, und dies bestätigt die bisher gewonnene Meinung, dass Schmuck in vielen literarischen Texten eher eine negative Rolle zu spielen scheint. Das erinnert mich daran, dass mein frommer Urgroßvater, ein Pietist, seiner Frau und seinen Töchtern verbot, Schmuck zu tragen. Er handelte folgerichtig nach dem Gesangbuchvers *Die Eitelkeit, des Fleisches Lust und ihre toten Werke.* In diesen Tagen ist in diesem Zusammenhang ein Gedicht von Goethe aus dem „West Östlichen Divan“ besonders bemerkenswert. In einem Gedicht an Suleika, das mit den Zeilen beginnt: „Süßes Kind die Perlenreihen ...“ bringt der Dichter wieder einmal

seine Abneigung gegenüber dem christlichen Kreuz zum Ausdruck, er nennt es ein „Jammerbild am Kreuze". Besonders ärgerlich ist für ihn, dass Suleika dieses Kreuz zusammen mit dem Perlenhalsschmuck trägt, den er ihr geschenkt hatte.
Die Bedeutung von Schmuck ist so schillernd wie unser Objekt selbst, Eitelkeit ist noch die harmloseste Triebfeder für den Wunsch, ein Schmuckstück zu erwerben oder geschenkt zu bekommen. Auch das Streben nach Macht und Einfluss können seinen Besitz so erstrebenswert machen. Kein König ohne Kronjuwelen, kein Herrscher – im Orient wie im Okzident – ohne Aufsehen erregende Juwelenkäufe, kein Industriemagnat ohne dieses „Anlageobjekt" Schmuck, bei denen auch heute noch ungeheure Geldsummen eine Rolle spielen. Schließlich war Schmuck lange Zeit nur höheren adligen Kreisen erlaubt; heute ist es auch der Geldadel, für den der Besitz dieser Kostbarkeiten zu einem Statussymbol geworden ist; die Uhren am Handgelenk der Männer und Frauen gehören dazu. Die Verbrämung der Zeit! Wer etwas auf sich hält, zeigt es täglich seinen Zeitgenossen und fühlt sich durch den Blick anderer aufgewertet. Dennoch kann im Laufe der Jahre von einer *Demokratisierung des Luxus* gesprochen werden.
Thomas Mann hat in „Tod in Venedig" den besonderen Schmuck einer Frau beschrieben. Es ist die Mutter des schönen polnischen Knaben Tadzio – gesehen mit den Augen des preußischen Schriftstellers Gustav Aschenbach:

> Die Gouvernante ... gab endlich das Zeichen, sich zu erheben ... und verneigte sich, als eine große Frau, grauweiß gekleidet und sehr reich mit Perlen geschmückt, die Halle betrat. Die Haltung dieser Frau war kühl und gemessen, die Anordnung ihres leicht gepuderten Haares sowohl wie die Machart ihres Kleides von jener Einfachheit, die überall da den Geschmack bestimmt, wo

> Frömmigkeit als Bestandteil der Vornehmheit gilt. Sie hätte die Frau eines hohen deutschen Beamten sein können. Etwas phantastisch Luxuriöses kam in ihre Erscheinung einzig durch ihren Schmuck, der in der Tat kaum schätzbar war und aus Ohrgehängen sowie einer dreifachen, sehr langen Kette kirschengroßer, mild schimmernder Perlen bestand.

Der Schmuck wird mit der Position des Mannes in Verbindung gebracht, aber das scheint genauso bedeutsam wie die Charakterisierung der einfachen Machart ihres Kleides. Sie wird hier als Ausdruck einer Gesellschaftsschicht gewertet, in der die äußere Schlichtheit von einer frommen Denkungsart zeugt, die zugleich als vornehm angesehen wird. Die kostbaren Perlen freilich scheinen diese Erkenntnis Lügen zu strafen. Das bringt die Fantasie des Lesers in Schwung – es lässt ihn rätseln. Auch ist die Dame aus Polen und nicht die Ehefrau eines hohen (preußischen) Beamten. Perlen gehören – teilweise auch heute noch – wohl zu dem *must have* der bürgerlichen und immer noch der adligen Schmuckschatulle. Da gibt es Perlenketten in allen Variationen, die von Schriftstellerinnen und Schriftstellern beschrieben werden. In einem Text aus Walter Benjamins „Berliner Kindheit“ ist es eine große ovale Brosche, welche die Mutter am Gürtel trug, wenn sie Gäste hatte oder ausging, und in der die kindliche Fantasie ein Geheimnis sieht:

> Sie prunkte mit einem großen blitzenden und gelben Steine, der die Mitte war, und einer Anzahl mäßig großer, die in vielen Farben – grün, blau, gelb, rosa, purpurfarben – ihn umstanden. Dies Schmuckstück war, so oft ich es erblickte, mein Entzücken. Denn in den tausend kleinen Feuern, die aus seinen Rändern schossen, saß, vernehmlich, eine Tanzmusik. Die wichtige Minute, da die Mutter es der Schatulle, wo es lag, ent-

> nahm, ließ seine Doppelmacht zum Vorschein kommen. Es war mir die Gesellschaft, deren Sitz in Wahrheit auf der Schärpe meiner Mutter war! Es war mir aber auch der Talisman, der sie vor allem schützte, was von außen bedrohlich für sie werden konnte. In seinem Schutz war auch ich geborgen.

Diese Brosche ist nicht nur einem Amulett oder einem besonderen Kettenanhänger, der seit uralten Zeiten vor Unheil bewahren soll, vergleichbar. Walter Benjamin gelingt es, etwas sichtbar zu machen, was nur diesem einen Schmuckstück eigen ist. Nicht nur diese Brosche zeigt, wie kaum ein anderes Schmuckstück, in konzentrierter Form Bedeutungen, geistige Wahrheiten. Hier ist es die Gesellschaft, die sich in tausend Feuern und leichter Musik äußert und zum Vorschein kommt. Der Schriftsteller spricht von einer Doppelmacht. Die Brosche erscheint in diesen Zeilen als ein Schmuckstück, das – in der Erinnerung an eine Kindheit in Berlin nicht nur den Eindruck von oberflächlicher Zerstreuung, sondern auch von Stärke und – damit zusammenhängend – Schutz hervorruft, den er und seine jüdische Familie später auf schreckliche Weise durch die Nationalsozialisten verlieren sollte. Ähnlich aufschlussreich ist auch die Brosche, welche Theodor Fontane in seinem Alterswerk „Der Stechlin" nicht ohne Ironie beschreibt:

> Tante Adelheid hatte sich in Staat geworfen und ihre Karlsbader Granatbrosche vorgesteckt, die der alte Dubslav wegen der sieben mittelgroßen Steine, die einen größeren und buckelartig vorspringenden umstanden, die ‚Sieben-Kurfürsten-Brosche' nannte.

Die Frau, welche dieses Schmuckstück trägt, ist eine *Domina,* damals die Bezeichnung für die Vorsteherin eines adligen Stifts;

diese Brosche auf ihrer Brust steht nicht zufällig in enger Verbindung mit der gehobenen Position dieser Frau, von der Fontane sagt: „Sie wusste zu rechnen und anzuordnen." Was aber trotz ihrer unzweifelhaften Fähigkeiten den Umgang mit ihr erschwerte „war die tiefe Prosa ihrer Natur, das märkisch Enge, das Misstrauen gegen alles, was die Welt der Schönheit oder gar der Freiheit auch nur streifte.

Der auffällige Schmuck geht mit dieser Charakterisierung eine subtile unheilige Allianz ein. Es ist ein Bild, das entschlüsselt werden will. Warum trägt diese Frau eine solche Brosche? In diesem Fall ist sie wohl einem Orden vergleichbar, in dem etwas von den Verdiensten des Trägers zur Schau gestellt wird. Es ist auf kleinem Raum das Konzentrat von gesellschaftlicher oder politischer Bedeutung. Was bei Männern oft kritiklos hingenommen wird: eine mit Orden geschmückte Brust, wird bei Frauen, und sei es nur ein einzelnes großes Schmuckstück, kritisch beäugt, gar als Ausdruck irgendwelcher Machtansprüche gesehen und deshalb psychologisch gedeutet. Vorsicht! Frau mit auffälliger Brosche!
Das erinnert an die selbstbewusste Amerikanerin Gertrude Stein, die nicht nur eine außergewöhnliche Schriftstellerin und Vertraute bekannter Künstler wie Picasso war, sondern auch – wen nimmt es wunder? – eine Broschenträgerin. In der von ihr geschriebenen Biographie, einem Meisterwerk der Komik, die sie ihrer Freundin Alice B. Toklas in den Mund legt, schreibt sie: „In ihrem Haus lernte ich Gertrude Stein kennen. Am meisten Eindruck machte mir ihre Korallenbrosche und ihre Stimme."
Broschen haben ein großes Aussagepotential, Sie können mehr als eine Busennadel sein, ein Glitzern auf einem Revers, ein dekorativer Augenfang. Sie können ein symbolträchtiges, stilvolles Bild darstellen. Je größer, desto besser; unübersehbar sollte sie sein.

Nur wenige Frauen tragen Broschen, obwohl es gerade heute außergewöhnlich prachtvolle und vor allem originelle Neuschöpfungen von zeitgenössischen Schmuckkünstlern gibt, nur *eine* Form von Kunst am Körper, die dem gesteigerten Sinn, sich hervorzutun und zu *stylen* auf besondere Weise entsprechen. Hier geht es nicht mehr um echten Schmuck, aber auch nicht um Modeschmuck, sondern um Form und Inhalt. Billig sind diese Anstecknadeln meistens nicht. Auch viele bekannte Künstler haben schon vor Jahrzehnten Broschen entworfen, der Entwurf „Kleine lächelnde Chimäre“ von Max Ernst kommt als erster in den Sinn. Was für ein geheimnisvoller Titel! Er macht neugierig: Für wen ist diese Brosche bestimmt?
Ein Schmuckkünstler war auch Alexander Calder, dessen Mobiles in manchen seiner Ohrringe, den *mobile earrings,* wieder zu erkennen sind. Erwähnenswert sind auch die ungewöhnlichen Schmuckentwürfe von Meret Oppenheim, darunter der bekannte mit Pelz bezogene Armreif.
Von manchen Frauen – bekannten und unbekannten – werden diese Kunstwerke vieldeutig und unübersehbar getragen. Besonders bemerkenswert sind die Broschen von Madeleine Albright, der ehemaligen amerikanischen Außenministerin. Sie trug diesen Schmuck als ungewöhnliche Form der subtilen politischen Aussage. Mit großem Geschick beherrschte sie die Kunst der Broschendiplomatie, indem sie zu jedem Anlass passende Broschen trug mit dem Motto: *Read my pins.* Dies ist auch der Titel des Buches über ihre Broschensammlung. Als Beispiel sei hier diese kleine Geschichte von der Schlangenbrosche erwähnt, die sie immer trug, wenn der Irak im Gespräch war. Schließlich hatte Saddam Hussein sie einst eine Schlange genannt. Ihre Schildkrötenbrosche, die sie trug, wenn die Friedensverhandlungen im Nahen Osten so schleppend waren, könnte sie leider heute noch tragen.

In diesem Zusammenhang muss noch erwähnt werden, dass auch die israelische Ministerpräsidentin Golda Meir eine begeisterte Trägerin von Broschen war.
Auch eine Passage in *Wolfgang Koeppens* „Tauben im Gras“ hat einen gesellschaftspolitischen Hintergrund: Eine junge Frau, die in finanzielle Nöte geraten ist, versucht, ihren Erbschmuck einem Händler zu verkaufen. Diese Emilia liebt Juwelen, weil der Glanz, das Funkeln der Steine in ihren Augen das Feuer, das Wasser, die Luft und die Erde verkörpern. Aber der Juwelier schätzt ihren Schmuck nicht, er nennt ihn „Großmutterschmuck, Geheimer Kommerzienratschmuck, Großmutterschliff, Großmutterfassung ..... Nichts wert! Nichts wert!“. Es sind für ihn unsichere Anlagen, für ihn sind nur reines Gold und Diamanten von Interesse, denn sie behalten ihren Wert, doch „der neuste Schliff, der Parvenügeschmack triumphiert“. „Ich bedaure, gnädige Frau“ und dachte bei sich: „Schade, so kommt die Kundschaft herab, ihre Großmutter hat den Schmuck bei meinem Großvater gekauft, sie wird zweitausend Mark bezahlt haben, zweitausend in Gold.“
In diesem Moment betritt die junge Amerikanerin Kay den Laden und betrachtet die Schmuckstücke Emilias. Auch sie sieht nicht den Wert dieses Geschmeides, sie kann die alten Geschichten, die dieser Schmuck erzählt, nicht lesen, aber sie bewundert die Schönheit der Perlen, das Funkeln und Glitzern der Schmuckstücke. Plötzlich überkommt Emilia der Wunsch frei zu sein und zu handeln. . Sie schenkt Kay den Schmuck, einfach so, ohne Berechnung: „Weil Du so nett bist.“ Und Kay nimmt das Geschenk an. Beide Mädchen „fühlten das wunderbare Glück, gegen Vernunft und Sitte zu rebellieren“. Und Kay schenkt etwas zurück: ihren Hut mit der bunten Feder. Schmuck gegen Hut. Und sie umarmt Kay und küsst sie: „...und als sie Kays Lippen berührte, denkt sie: “herrlich, so schmeckt die Prärie“.

In wenigen Absätzen beschreibt Koeppen, wie die Verführung durch „die schillernde Pracht der kalten Brillanten“ durch ein spontanes, menschliches Gefühl zunichte gemacht, außer Kraft gesetzt wird. Eine kleine Rebellion gegen alles, was Schmuck sonst bedeuten kann, eine Art frühe Form von *culture jamming,* Sand im Getriebe der Schmuckindustrie. Die Freiheit, die Emilia durch ihr Geschenk erfährt, ist nur von kurzer Dauer – für manche Literaturkritiker ein fragwürdiges, emotionales Geschehen.
Auch Schmuck, muss Emilia schließlich erfahren, ist der Mode unterworfen. Er kann deshalb Teil einer neuen Kunstrichtung werden, wird zum Bildleib für die Frau oder den Mann, der ihn trägt. Noch ahnt niemand, was fast zwanzig Jahre später zu einer kleinen Revolution werden sollte. Die Kunsthistorikerin Antje von Graevenitz bezeichnet in ihrem Buch „Jewels of mind and mentality“ die 1969 eröffnete Ausstellung „Live in your head. When Attitudes becomes Form.“ von Harald Szeemann als Anfang einer neuen Zeit, in der dieser Ausstellungsmacher vorstellt, was viele Künstler bereits in ihren Werken gezeigt und dadurch den bisherigen Kunstbegriff erweitert hatten. Neue künstlerische Formen wurden sichtbar. Davon wurden und werden immer mehr auch die Schmuckkünstler betroffen. Synthetische Steine können die Schönheit und Reinheit der echten Juwelen übertreffen. Neue Materialien, vor allem Plastik, aber auch ungewöhnliche Formen werden verwandt, welche das Einmalige, das Einzigartige der Trägerinnen und – nicht zuletzt – dessen, der das Schmuckstück geschaffen hat, hervorheben. Es handelt sich nicht um Modeschmuck, sondern um Kunstobjekte, die unter der Bezeichnung „Autorenschmuck“ bekannt geworden sind. Manchmal sind die Übergänge fließend – je nachdem ob die ursprüngliche Bedeutung des Schmuckes noch eine Rolle spielt. Die etymologische Bedeutung von Schmuck zeigt die Verwandtschaft mit „Geschmeide“

und „geschmeidig", während im Englischen das Wort „jewel" auch die Bedeutung von „that which causes joy" hat und somit mit dem lat. *gaudium* verwandt sein könnte. Ein Beispiel hierfür ist die „Kettenkurve", die mit Humor von dem österreichisch-bayrischen Schriftsteller Herbert Rosendorfer beschrieben wird. (In der Mathematik gibt es sogar eine Formel für die Berechnung einer solchen Kettenkurve – natürlich in einer anderen Funktion.) In seinem Roman „Der Ruinenbaumeister" hängt sie über dem Busen einer Frau und ist deshalb ein Paradebeispiel sowohl für die beiden etymologischen Rückführungen des Wortes „Schmuck", als auch für den Blick des Mannes. Sie schmiegt sich an den Körper – zur Freude des Betrachters. Natürlich ist sie – aus Perlen:

> Die Ministerpräsidentin war jung und schlank, wenn auch angenehm üppig an verschiedenen Stellen. Das schwarze Kleid verhüllte ihre Gestalt bis zum Boden. Man konnte nicht einmal sehen, was für Schuhe sie trug. Als Schmuck hatte sie nur eine Kette aus purpurnen Perlen angelegt, die, von dem leise bebenden Busen bis zur Nabelgegend hängend, die bekannte Kettenkurve bildete.

Moderner Autorenschmuck hingegen zeigt selten diese typische Körpernähe des traditionellen Schmucks, sondern wird in der Dissertation von Sylvia Stephan als „körperwiderständig" charakterisiert – in all seinen Ausformungen. Diese neuen Schmuckstücke brechen nicht nur die alten Vorstellungen von Macht und Luxus, sie lassen neue Eigenschaften zu – sowohl des Schmucks als auch der Frau, die ihn trägt. Es geht weniger um Schönheit, eher um Haltung und eine besondere ästhetische Erfahrung. Es sind *objects to wear* – ein Objekt kann den Schmuckcharakter verlassen oder zumindest zurückdrängen. Das zeigt sich gelegentlich in

einer unbekümmerten, verrückten, von edlem Material und allem gesellschaftlichen Ballast befreiten Leichtigkeit. Manchmal aber macht dieser Schmuck eine sonst verborgene Aggressivität gegenüber der Gesellschaft sichtbar, der Körper wird zum Performer, zum „cultural medium“.
Ingeborg Bachmann beschreibt in ihrem Roman „Malina“ ein solches Schmuckstück, welches der damaligen Mode der Metallkleider und Kettenhemden entspricht. Es sind Ohrringe, „zwei schwere Dornenbüschel im schönsten Grau, die bei jeder Kopfbewegung schmerzten oder ins Rutschen kamen, weil man vergessen hat, mir im frühesten Alter diese Löcher in die Ohrläppchen zu bohren“.
Ein Vorläufer des Autorenschmucks war Lalique, dessen gläserne Jugendstilobjekte wegen ihrer Größe nur zu einem Drittel überhaupt tragbar waren.
Ungewöhnlich sind auch die Schmuckstücke, die Salvador Dalí am Ende seines Lebens entworfen hat. Sie leben noch ganz vom Glanz des Goldes und der echten Steine. Der Schriftsteller Erhart Kästner spielt in „Aufstand der Dinge“ auf einen besonderen Goldschmuck von Dalí an, den dieser für seine Frau Gala entwarf: ein mit Rubinen besetztes goldenes Herz, das durch einen Elektromotor angetrieben wird, von dem Kästner sagt, „dass man unter so vielen gemalten, heiligen Herzen, die man gesehen hat, keines so opferbereit fand“. Es erinnert ihn aber auch an „chirurgische Filme, in denen man ein schlagendes Herz sah“.
Der Schriftsteller bringt das *Unvorhergesehene* in der Malweise Dalis in Verbindung mit der Unmöglichkeit, die Welt in Besitz zu nehmen, sie bis in alle Einzelheiten zu berechnen, und zeigt die Verbindung zwischen *besitzen* und *besessen* auf, spricht von einer Neigung zum Kippen des Goldschmucks, von der Möglichkeit, zu einer Gefahr zu werden. Schmuck kann zu einem magischen Werkzeug der Unterdrückung und Verstrickung in die Machen-

schaften eines Mannes werden. Ernst Jünger schreibt in „Eine gefährliche Begegnung“ von der „Lust, die aus der Tiefe kam“ von der Witterung von „Wachsamkeit, Raubgier, Prostitution und sattem Behagen“, welche die Schaufenster der Juweliere umgibt und so gefährlich macht. Sie konzentrierte sich in den „Solitären, deren Geschichte man seit Jahrhunderten kennt“.
Es ist nicht mehr verwunderlich, wenn manche Schriftsteller in ihren Texten den Eindruck vermitteln, dass Schmuck eine Erfindung des Teufels sei.
Auch in der „Blechtrommel“ von Günter Grass gibt es eine längere lesenswerte Passage über Schmuck, in der von dem Bedrohungspotential eines Schmuckstücks die Rede ist. Er beschreibt ausführlich die Auslagen im Schaufenster eines Juweliers, sieht die Unsterblichkeit von Gold, Perlen und Juwelen, die ihre Besitzer überleben, und „Ringe in Gräbern gefunden wurden, denen der Finger nicht standhielt“.
Der französische Juwelier dinh van (sic!) eröffnete 1965, also gut fünfzehn Jahre nach dem Erscheinen von Simone de Beauvoirs „Das andere Geschlecht“, seine Schmuckwerkstatt in Paris zwischen den großen Namen der Branche. Er hatte Erfolg, weil er Schmuck herstellte – nach der Devise: „Ein freier Geist erfindet Schmuckstücke, die, zum ersten Mal, das Ziel haben, mehr diejenigen zu enthüllen, welche sie tragen, als diejenigen zu beeindrucken, die sie ansehen.“ Das hat Schule gemacht. Weniger die Schmucklosigkeit hat sich als Zeichen der Emanzipation durchgesetzt, sondern vor allem der Umgang der Frauen mit Schmuck und daran haben viele moderne Schmuckkünstler einen entscheidenden Anteil.

Antje von Graevenitz bezeichnet den zeitgenössischen Schmuck in ihrem Essay über den modernen Schmuck in den Niederlanden auch als *A token of joie de vivre, identification or non-conformity,* ein Satz, der es in sich hat und zudem eine Bestätigung ist, dass viele der literarischen Texte, die hier angeführt wurden, davon zeugen, dass Schmuck auch jenseits aller Zuordnungen genderspezifischer Art gesehen werden kann. Es schmeckt vielen Frauen längst nicht mehr, dass der neue prächtige Ohrring die Bedeutung signalisiert, Schmuck sei als Ersatz, als Ausdruck einer Wunde zu sehen, die ihnen von Männern zugefügt wurde. Auch tragen immer mehr Männer Schmuck; nicht nur teure Uhren einer bestimmten Marke, sondern auch schwere Ringe, Ketten und Armreife, die nur für Männer entworfen wurden. Ohrringe für Männer als Zeichen ihres Standes oder Berufes gibt es schon seit Jahrhunderten. In „Wälsungenblut“ von Thomas Mann stehen – nicht ganz überraschend – folgende Zeilen:

> In ihrem dunkelbraunen Haar, das in einem tiefen glatten Scheitel über die Ohren frisiert war, lag ein goldener Reif, von dem in ihre Stirn hinab eine große Perle hing – ein Geschenk von ihm. Um eines seiner knabenhaften Handgelenke lag eine gewichtige goldene Fessel – ein Geschenk von ihr.

Diese Beschreibungen sind immer dann besonders überzeugend, ja begeisternd, wenn sie deutlich machen, was dem Schmuck auch eigen ist: das künstlerisch Einzigartige, das Poetische oder seine Fähigkeit, die Persönlichkeit einer Frau (oder auch eines Mannes) hervorzuheben und damit zu ihrem Selbstbewusstsein, zu ihrem Wohlbefinden beizutragen. Der folgende kurze Text von Irmtraud Morgner aus „Leben und Abenteuer der Trobadora Beatriz“ gefällt durch die besondere Wahrnehmung und Bedeutung eines Schmuckstücks:

> Sonntags besuchte sie uns. Die Kinder nannten sie Potschappler Tante, weil ihr eine in Potschappel ansässige Verwandte

> testamentarisch Ohrringe vermacht hatte. An den Drahtringen hingen blaue pupillengroße Steine, goldgefasst. Ihr Gewicht zerrte die gelochten Ohrläppchen, sie sah mit vier Augen. Im Krieg 70/71 trug ich die Ohrringe im Rockfutter.

Diese vier Augen üben auf den Mann, der sie wahrnimmt, eine magische Kraft aus. Das Erbstück der Tante wird zu seinem Talisman, womit er sich in die Reihe vieler Soldaten stellt, die Schmuck als Glücksbringer mit in den Krieg nehmen. (Auch in der Geheimschublade der Kutsche Napoleons fanden sich nach der verlorenen Schlacht bei Waterloo viele kostbare Juwelen.)
Die beweglichen Schmuckstücke finden auch bei anderen Schriftstellern Aufmerksamkeit. Als Beispiel seien nur folgende Zeilen aus Joseph Roths „Das falsche Gewicht" genannt:

> Sie näherte ihr Angesicht dem Eichmeister, und ihm war es, als seien ihre Ohren mit den großen, leise klingenden Ohrringen ihm beinahe näher als ihre hellen Augen. Er sah sehr wohl ihr schneeweißes Gesicht, aber wacher noch als sein Auge war sein Ohr. Er vernahm ganz deutlich das ganz leise Klingeln, das von dem sachten Anschlag der goldenen Münzen an den Ohrring her kam, sobald die Frau eine Bewegung machte. Er dachte dabei, dass ihre Finger hart und stark und braun waren, seltsamerweise wusste er nicht mehr, weshalb er an ihre Finger denken musste, dieweil er ihre Ohren ansah und das Klingeln der kleinen Goldmünzen vernahm.

Alle diese Überlegungen zu literarischen Texten über die Bedeutung des Schmucks finden ihren Schluss in diesem kleinen traurigen Vierzeiler des großen portugiesischen Schriftstellers Fernando Pessoa:

Ich hab eine Perlenkette
Aufgefädelt für dich:
Die Perlen sind meine Küsse,
Der Faden mein darbendes Ich.

Dieses Gedicht gehört zu den Texten, in denen Schriftstellerinnen und Schriftsteller in Schmuck etwas gesehen haben, das unabhängig vom materiellen Wert des Geschmeides ist, etwas, das wichtiger ist als alle Pracht und Herrlichkeit. Hier ist es ein Mann, der verletzt worden ist. Schenken Männer nicht auch Schmuck, um Frauen zu gefallen, um ihnen eine Freude zu machen – jenseits aller Belohnungsfantasien? Hier ist jede Perle das Sinnbild eines Kusses, der nicht erwidert wird. Das poetische Bild „Perlen sind meine Küsse – der Faden mein darbendes Ich" zeigt das Unglück des Liebenden – jenseits aller schillernden Pracht der kalten Brillanten.

*Schwarze Kleider.*

Warum sind junge Witwen in Trauer so schön?

Im Lüscher Farbtest steht es schwarz auf weiß: „Schwarz gibt die Stauung, Abwehr und Verdrängung von Reizeinflüssen wieder.“ Hier haben wir den Zeitgeist in einem Satz. Dieses Schwarz, das nicht mehr als Farbe bezeichnet werden kann, wird zum Ausdruck des Widerstands und der vollkommenen Abwesenheit des Lichts, wird zum ortlosen Raum der Finsternis und der Furcht. Die Schrecken der Nacht quälen uns. Keine heitere kleine Nachtmusik erklingt, sondern die Melodien der Schauerromantik: schwarze Männer, schwarze Spinnen, schwarze Schwäne, schwarze Galeeren, schwarze Schleier ...
Der italienische Philosoph in Thomas Manns „Zauberberg“ wird des Seelenarztes im schwarzen Überhemd ansichtig:

> „Ah Krokowski!“ rief Settembrini. „Dort geht er und weiß alle Geheimnisse unserer Damen. Man bittet die feine Symbolik seiner Kleidung zu beachten. Er trägt sich schwarz, um anzudeuten, dass sein eigenstes Studiengebiet die Nacht ist. Dieser Mann hat in seinem Kopf nur einen Gedanken, und der ist schmutzig.“

Der „Zauberberg“ wurde 1924 veröffentlicht, wenige Jahre später liest man die spöttischen Worte anders. Die Kleidung der italienischen Faschisten war so schwarz wie die Hemden der gefürchteten SS – Grund für ein tiefes Misstrauen, für Ängste und Abwehr gegenüber allen, die Schwarz als Ausdruck ihrer Gesinnung tragen, als Farbe der Gewalt und des unmenschlichen Terrors gegenüber denen, die anders denken oder als deren Opfer sie sich fühlen. Der Maler Max Beckmann hat dieses Schwarz in seinen Bildern vielsagend und aussagekräftig verwandt, um den Zwiespalt der Welt, das Apokalyptische, den Schmutz, die Armut und das Sterben zu kennzeichnen. Wenn er heute die Kleidung einiger

Zeitgenossen in Augenschein nehmen würde, sähe er etwas, das in seiner Radikalität darüber hinausgeht. Schwarz wird nicht nur als *fascist chic* mit ungeahnter, angsteinflößender Aggressivität getragen. Es ist zur Einheitstracht mancher Gruppen geworden, zeigt ihre Zusammengehörigkeit. Schwarz als Erkennungszeichen. Bei den Gothics (oder Grufties) wurden bis in die Anfänge dieses Jahrhunderts blonde Haare zu schwarzen umgefärbt, nur die Gesichter wurden weiß geschminkt, eine Schutzschicht gegen die Welt, Totenblässe gegen Bräunungsstudios. „Zurückweisung durch ein Weiß"(Elfriede Jelinek). Wo ein Weiß sich zeigt, ist hier ein Schwarz nicht fern. Schwarz kann Halt geben in einer feindlichen Umwelt. Schwarz ist neutral, verpflichtet zu keiner Entscheidung, diese Farbe eint in der Verschwörung gegen das Licht, das ihnen nicht mehr scheint. Schwarz war schon im Mittelalter ein Zeichen der Weltverachtung. Säuglinge und kleine Kinder haben Angst vor dunklen Farben; sie zeigen schon früh Vorlieben für eine bunte Umwelt. Wenn sie unruhig sind, empfehlen anthroposophische Ratgeber, soll ein orangefarbenes Tuch über dem Kinderwagen oder über dem Bett sie zur Ruhe bringen.

Über die abgründigen Gefilde von schwarzem Gummi, Lack und Leder lesen wir in der Belletristik wenig. Gabriele Goettle hat in „Deutsche Sitten, Erkundungen in Ost und West" über ein Masochisten-Seminar geschrieben, in dem ein Fetischist über seine Vorliebe für schwarzes Gummi spricht, über die Faszination, die diese „kühle Glätte, die Dichte und Dehnbarkeit, und dann natürlich der Geruch" auf ihn ausüben. Er schildert die Beunruhigung; die besonders bei schwarzem Gummi von der Stumpfheit ausgeht, die jedes Licht schluckt. Als Kind spielte er stundenlang mit einem Stückchen Samt, das er in alle Richtungen strich, so dass die Fasern „einmal im Licht lagen, das andere Mal nicht". Das schwarze Spiel mit dem Licht vereint in diesem Seminar die

Masochisten der unterschiedlichsten Art. Es ist ein strahlendes, helles Licht, das scheint, wenn der Schmerz am stärksten brennt, und das sie immer wieder suchen, um sich vollkommen aufgeben zu können. Erst wenn der Schmerz wie Flammen auflodert, können sie das Dunkel wieder ertragen.

Das alltägliche Leben als unerträgliche Finsternis, in die nur noch der Schmerz das Licht des Vergessens, das vollkommene Glück, bringen kann. Auch die Schatten, die vom Licht leben, sind tiefschwarz. Niemand entkommt dieser Farbe, auch wenn er sie selbst nicht trägt. Für den griechischen Dichter Konstantinos Kavafis, der Farben über alles liebt, kann Schwarz nur die letzte Farbe seines Lebens sein. „Wenn ich schwarze Kleider tragen werde und wenn ich in einem dunklen Raum eines schwarzen Hauses wohnen werde, werde ich einen bestimmten Schrank manchmal mit Freude, mit Sehnsucht und mit Verzweiflung öffnen." In diesem Schrank bewahrt er „mit Ehrfurcht und Trauer" die bunten Kleider seines ausschweifenden Lebens auf, er beschwört die vergangenen Tage der Liebe – schwarze Schatten, nicht mehr farbiger Abglanz.

„Unerbittlich ist die Sprache unserer Kleider, sie kehrt sich früher oder später gegen uns", sagt Elfriede Jelinek, österreichische Schriftstellerin und Modeliebhaberin, die gelegentlich Trost in einem „Miyakerl" (einer Jacke des japanischen Modeschöpfers Miyake) sucht.

Doch kann Schwarz, wie in den Geschichten des persischen Dichters Nizami, auch positive Geheimnisse hüten: „Auf Schwarz haftet kein Schmutz- und durch seine Pupillen sieht das Auge die Welt im Licht." Es kann klar und tiefgründig sein, eine Farbe, die Grund legt, die wirkliche, echte, nicht vorgespiegelte Größe zu inszenieren imstande ist. Ich denke an das berühmte „kleine Schwarze", das Kleid für alle Gelegenheiten; vielseitig und unverfänglich, kann es eine einfache und eindeutige Botschaft haben.

Hier kann Schwarz zum Inbegriff der klassischen Eleganz werden – wenn die richtige Frau darin steckt. Es gibt eine kleine Zeichnung des Berliner Malers Heinrich Zille, auf der eine rundliche Frau aus dem Hinterhof-„Milljö“ zu sehen ist. Sie trägt ein schwarzes Kleid und stemmt die Arme in die Hüften. Darunter stehen die Worte: „Schwarz macht elejant und ooch so schlank.“ Schwarz ist in viele Richtungen interpretierbar und auch deshalb so eindrucksvoll.

„Warum sind junge Witwen in Trauer so schön?“ Diese Frage hat sich Georg Lichtenberg vor langer Zeit gestellt und in Klammern hinzugesetzt: „Untersuchung.“ Dieser Aufforderung versuche ich heute nachzukommen. Sigmund Freud konnte keine endgültige Antwort darauf finden, er bezeichnete „Tod und Weiblichkeit“ als die beiden gebräuchlichsten Bilder und Rätsel der westlichen Kultur. Und diese rätselhaften Bilder sind oft schwarz eingefärbt. Unbewusst und bewusst gehen in dieser Farbe eine enge Verbindung ein. Der italienische Schriftsteller Ennio Flaiano, wichtiger Ideenlieferant für die Filme Fellinis, hat die Zusammenhänge in seinem Amerika-Roman „Melampus“ deutlich gemacht. Er erzählt die Geschichte eines sizilianischen Dienstmädchens in New York. Bei der Trauerfeier eines Onkels ihrer amerikanischen Verwandtschaft erscheint sie, wie es in Sizilien üblich ist, in tiefstem Schwarz und mit einem Schleier – im Gegensatz zu den anderen, vor längerer Zeit aus Italien eingewanderten Amerikanern, die dem Tod in einer neuen Aufmachung begegnen. Unter den Gästen ist ein junger Mann, der beim Anblick des weinenden Mädchens an ein altes Bild aus seiner Heimat erinnert wird, das tief in seinem Unterbewusstsein schlummerte,

> ein archaisches Bild, aus Sonne und Trauerkleidern, wo der Schmerz durch die Verzweiflung zum Ausdruck gebracht werden

> muss, gerade so, wie es dieses Mädchen macht; und ein Bild, das auf geheimnisvollen Wegen zur Vorstellung von der unmittelbaren Besitzergreifung führt, von der erotischen Wiedergutmachung des Lebens gegenüber dem Tod: die zu tröstende Witwe.

Er bringt Giuseppina nach Hause und nach vierzehn Tagen heiraten sie. Solche Zeilen lassen uns ahnen, was es mit den Geheimnissen der schwarzen Farbe auf sich haben kann. Schenken wir jedoch einer französischen Schriftstellerin Glauben, dann ist dieser göttliche Einfluss in der Wirkung einer schwarz gekleideten Frau eine rührende, aber naive Annahme des Mannes. Die Frauen selbst sind es, die jene erotischen Fallen auslegen, schreibt Marguerite Yourcenar über ein Porträt der Diane de Poitiers, die ihr ganzes Leben lang Witwentracht trug, „vor allem weil diese Farben der Trauer ihr gut standen. Dieses Schwarz und dieses Weiß bringen auf alle Fälle den kalten Glanz ihrer mondbleichen Schönheit voll zur Geltung“.
Manchmal genügt ein schwarzes Sofa, um die Phantasie zu beflügeln. Zu seiner Zeit hätte Jean Paul, da bin ich sicher, einen Preis der Modewelt gewonnen. Wer sich darüber wundert, der hat ihn nicht gut gelesen. Schrieb er nicht: „Auch die Möbeln gehören zum weiblichen Anzug, zum Beispiel ein schwarzes Kanapee ist ein gutes Unterfutter für einen weißen Arm!“? Die Möblierung als Teil der weiblichen (oder auch männlichen) Mode, als erweiterte Selbstdarstellung. Es geht nicht mehr um die Zurückweisung durch ein Weiß, sondern um die Anziehungskraft von Weiß und Schwarz. Es ist der größtmögliche Kontrast, den wir uns denken können, und der zugleich besonders feinsinnig sein kann. Es ist nicht der offensichtlich leidenschaftliche Gegensatz von Rot und Schwarz, sondern der von Hell und Dunkel, von bekleidet und bloß. Die Leidenschaft ist verborgener, raffinierter als die von Rot

und Schwarz, bei dem sich doch nur die Farben des Stierkampfes zusammenfinden: Aufforderung zum Kampf; rotes Blut auf dem schwarzglänzenden Körper des Tieres. Der Kampf zwischen Schwarz und Weiß ist unblutig, aber er geht tiefer, er geht unter die Haut. Weiß die Frau, die ihren weißen Arm auf ein schwarzes Sofa legt, von dieser besonderen Wirkung?
„Auf dem schwarzen Faltengewand war ihre Hand eine weiße Rose ...“, schreibt Antonio Machado, ein Andalusier, in „Unterwegs“. Die Farbe Schwarz ist eine ästhetische Konstante, nicht nur in der spanischen Literatur, sondern auch in der Malerei dieses Landes. Es ist nicht so sehr die Farbe der Trauer als vielmehr die Farbe der Anziehungskraft der Geschlechter – vor der Kulisse der Natur. Schwarze Zypressenhaine, schwarze mondlose Sommernächte: „Es brennt in deinen Augen ein Geheimnis/Mädchen, das abweisend mich stets begleitet./Ich weiß nicht, ob's Haß oder Liebe ist/was stetig blinkt in deinem schwarzen Köcher.“ („Unterwegs“)

Auch Thomas Mann hat in seinem Roman „Der Zauberberg“ eine kleine Szene über diesen Gegensatz geschrieben, die wir mit Erstaunen lesen. Es liegt etwas Perfides in dieser Darstellung, nicht nur in der Art, wie er über „schon etwas angegraute“ Damen spricht, sondern auch über die leichte Verführbarkeit der Männer. Es kommt mir vor recht eigentlich vor wie ... .Hochverrat. So entdeckt der Konsul an einem Sonntagabend nach dem Abendessen „dank einem dekolletierten schwarzen Paillettenkleid“, dass eine gewisse Frau Redisch; eigentlich nur eine der üblichen „Liegehallendamen“,

> eine untersetzte und füllige Brünette, nicht mehr die Jüngste ... Brüste besaß, mattweiße, stark zusammengepreßte Weibesbrüste,

> deren Teilung ziemlich weit sichtbar gewesen war, und diese Entdeckung hatte den reifen und feinen Mann bis in den Grund seiner Seele erschüttert und begeistert, so, als habe es eine völlig neue, ungeahnte und unerhörte Bewandtnis damit.

Die Ironie, mit der diese kleine Geschichte erzählt wird, ist kaum zu überbieten. Diese Art von Erotik ist auf erbitternd bürgerliche Art subversiv. Wir lesen aus diesen Zeilen, dass er fähig ist, diese Art der Leidenschaft aus der Distanz zu sehen, der kühl beobachtende Blick amüsiert uns – und macht frösteln.
Wolfgang Koeppen hat in seinem Roman „Tauben im Gras“ die schwarz-weiße Leidenschaft in ein anderes, uns näher liegendes, modernes menschliches Bild gekleidet: „Sie lagen zusammen, weiße Haut, schwarze Haut, Odysseus, Susanne Kirke, die Sirenen und vielleicht Nausikaa, sie lagen unschuldig auf einem Floß, das in die Unendlichkeit segelte.“ Diese Verbindung des schwarzen Fremden mit der weißen Frau ist eine Begegnung in der Gegenwart und gleichzeitig ein alter Traum, ein Mythos; der Reisende wird durch den Gesang der Sirenen verzaubert. Vielleicht ist Kirke auch Nausikaa, die den schiffbrüchigen Odysseus zum Haus ihres Vaters führt. Die uralte Anziehungskraft von Schwarz und Weiß und der Traum einer dauerhaften Liebe zwischen beiden werden sich bei Koeppen als unmöglich herausstellen.
Auch Franz Werfel, der nicht nur die Geschichte von der blassblauen Frauenhandschrift geschrieben hat, thematisiert den spannenden Gegensatz von Schwarz und Weiß in einer Erzählung mit dem Titel „Par l’amour“. Er schildert eine schwarzgekleidete junge Frau auf einer Bahnreise. Sie trägt schwarze Lackschuhe und blättert langsam die Seiten eines Buches um – mit ihren matt leuchtenden Fingern im schwarzen Netzhandschuh. Hier ist der Kontrast gleich doppelt beschrieben:

> Die überzarte Gestalt in eine Art Trauer oder Halbtrauer gekleidet, stach gegen die übrige leicht geschürzte Weiblichkeit ringsum ab, deren sommerlich nackte Arme und Waden das starke Tageslicht in dem Eisenbahnwagen durch ihr fröhliches Fleischeslicht zu vervielfältigen schienen ...

War Werfel nicht zum Katholizismus übergetreten? Das „fröhliche Fleischeslicht“ unterscheidet sich eindeutig von der pietistischen „Fleischeslust und ihrer toten Werke“, wie es in einem Gesangbuchvers heißt. Der Beobachter Bertrand, ein schon in die Jahre gekommener Junggeselle, sieht in dieser zerbrechlichen Gestalt die Romantik des vergangenen Jahrhunderts wiederauferstehen. Sowohl das schwarzgekleidete Äußere als auch der Anblick der aufmerksam Lesenden beflügelt die Fantasie des einsamen Mannes. Bertrand fühlt eine jungenhafte Scheu, sein Blick gerät ins Stocken – als gäbe er sich unerlaubten Gedanken hin, und die Angst vor dem kleinen Tod ergreift ihn wieder. Es ist die Angst davor, dass sein Blick von einer Frau plötzlich nicht mehr erwidert wird.

Eine ähnliche Begegnung mit einer trauernden Frau hat Baudelaire in seinem Sonett „Tableaux Parisiens“ festgehalten. Der Anblick dieser Erscheinung „hoch schlank tiefschwarz, in ungemeinem Leide“ lässt seine Gefühle in Aufruhr geraten, er sieht in dem flüchtigen Augenblick der Begegnung mit dieser Frau „einen Stern...und dann die Nacht“. Sie wird am Ende nur einen Platz in seiner Fantasie einnehmen. „Werde ich dich nur noch in der Ewigkeit sehen?“ Sie bleibt weit entfernt und eine Unbekannte; sie zu lieben ist unmöglich.

Mit dieser Einsicht endet das Gedicht. Schwarz ist eine dauerhafte Farbe, sie hinterlässt Spuren in alle Zeiten.

Es gibt eine Kombination von Schwarz und Weiß, die auch Unschuld verkörpern kann. Es ist die Tracht der Nonnen, die so kleidsam ist, dass sie damit immer den Blick auf sich ziehen, auch wenn der weite Schnitt ein Begehren nicht aufkommen lässt. Elfriede Jelinek erwähnt immer wieder die unvergleichliche Eleganz dieser Nonnenkleidung, weil hier der klassischen Verführung, die den Körper zum Objekt macht, in klarer Schönheit der Garaus gemacht wird. Hinter schwarz-weiß können wir uns besonders gut verstecken und neutralisieren. Die hanseatische Form eines solchen Understatements führt uns Peter Rühmkorf vor. Er hat für die Zusammenstellung von Schwarz und Weiß – auch für nicht in kirchlichen Diensten stehende Personen – den passenden Anlass gefunden. Besonders empfehlenswert für alle, die unter Schlaflosigkeit leiden, sich aber der Öffentlichkeit stellen müssen: „.ein paar hochgeistige Birnengeister vorweg, weißes Hemd / schwarzer Cashie, bißchen pastörlich vielleicht für den Anlaß, aber bevorzuge in unausgeschlafener Form Bescheidenheitsoutfit.“ Wenn Schwarz und Weiß sich nur oberflächlich und allzu stimmig verbinden, wird es langweilig. „If it is too perfect, liebe Gott böse“, sagt der koreanische Medienkünstler Nam June Paik heute – und damals schrieb bereits Fernando Pessoa in kühler Distanz dieses Bild:

> Die in Schwarz gehüllte Blonde,
> Eine weiße Blume ans Kleid gesteckt,
> Ist das ganz vollendete Bildnis
> Von einer, die wirklich perfekt.

Was uns bei Schwarz und Weiß in den Bann ziehen kann, ist nicht das Vollkommene, sondern das Gebrochene, der feine Unterschied, die abertausend Nuancen, das Zusammenspiel von Geist und Erotik. Auf einem Porträt, das der spanische Künstler Goya 1779 malte, trägt die Herzogin von Alba ein Trauerkleid. Eine schwarze Mantilla bedeckt ihre Schultern, nur durch die Spitzen ihres kleinen Ausschnitts schimmert es weiß. Diese Frau ist unendlich mehr als nur ihr Kleid, das Kleid ist mehr als nur schöne und sinnliche Hülle, geschneidert auf einen weißen Leib. Der Kunsthistoriker Sánchez Cantón schrieb über dieses Gemälde die bekannten Worte „Son estos los indicios más comprometedores de la pasión amorosa, que acaso, les unió" („Dies sind die deutlichen, kompromittierenden Indizien für die Liebesleidenschaft, die sie wohl vereinigt hat.")

Der Geliebte dieser „geistreichsten und schönsten Frau" des damaligen Madrid war niemand anderer als der Maler selbst. Wir können es sehen und fühlen: in diesem Schwarz und in diesem Stückchen weißer Haut, in der Haltung und im Blick der Frau. Immer wieder ist diese Liebesgeschichte von den Schriftstellern in dieser Farbzusammenstellung „gemalt" worden. So von Lion Feuchtwanger in seinem Roman über Goya: „Einen hohen Kamm trug diese/Und vom Kamm die schwarzen Spitzen/Der Mantilla fielen über/Ihre weiße Nacktheit." Und auch in diesen erstaunlich blumigen Zeilen von Ezra Pound („Alba"), die nach der Nacht, bei Anbruch des Tages geschrieben wurden: „Kühl wie die bleichen, feuchten Blüten der Maiglöckchen lag sie an meiner Seite in der Früh."

Die Herzogin gehörte zum Höhepunkt von Goyas Schaffen, aber auch zum Anfang seines Abstiegs, zur dunklen Hälfte seines Lebens; er wurde schließlich taub und malte nur noch düstere Ungeheuer, die „Caprichos". Doch das Porträt Goyas der dreizehnten Herzogin von Alba ist ein kostbares Erbe für viele Generationen nach ihm, für alle, die ein gutes Auge besitzen – so wie die Texte der Dichter und Schriftsteller ein unsterbliches Bild schwarzer Kleider gemalt haben. Leo Tolstoi gehört zu diesen Schriftstellern, die, wie in „Anna Karenina“, das von Goya Gemalte in Worte fassen. Es gibt wenige Beispiele, in denen ein Schriftsteller so genau die besondere Wirkung eines schwarzen Kleides beschreibt:

> Kitty hatte Anna täglich gesehen, war verliebt in sie und hätte sie sich unbedingt in Lila vorgestellt. Als sie sie aber in Schwarz sah, erkannte sie, dass sie ihre Schönheit gar nicht erfasst hatte. Sie sah sie jetzt in ganz neuer, überraschender Gestalt. Jetzt begriff sie, dass Anna nicht Lila tragen konnte, dass ihr Reiz eben darin bestand, dass sie gleichsam aus ihrer Toilette heraustrat, dass man die Toilette an ihr überhaupt nie sah. Auch das schwarze Kleid mit den kostbaren Spitzen sah man nicht an ihr, es war nur der Rahmen, und man sah nur sie in ihrer Schlichtheit, Natürlichkeit, Eleganz und in ihrer Heiterkeit und Lebhaftigkeit.(...) Eine geheimnisvolle Kraft zog Kittys Augen immer wieder zu Annas Gesicht. Sie war entzückend in ihrem einfachen, schwarzen Kleid, entzückend waren ihre vollen Arme mit den Armbändern, entzückend der feste Hals mit der Perlenkette, entzückend die Löckchen der in Unordnung geratenen Frisur, entzückend die leichten, anmutigen Bewegungen der kleinen Füße und Hände, entzückend dieses schöne Gesicht in seiner Lebendigkeit; aber es war etwas Schreckliches und Grausames in all diesem Liebreiz.

Diesem Schriftsteller gefiel es, Liebe und Schönheit als ein Werk des Teufels darzustellen. Die leichten Pfeile aus dem Köcher Amors werden zu scharf geschliffenen Waffen aus dem diabolischen Repertoire der Verführungskünste. Tod und Leben, Liebe und Hass, Himmel und Hölle sind in diesem Schwarz eine innige Verbindung eingegangen.

# In einem anderen Land …
# Der Piropo

# Zu den Unruhen um das Gedicht *Avenidas* von Eugen Gomringer

Wahrlich, wir leben in finsteren Zeiten! Auf seine alten Tage muss Eugen Gomringer etwas erleben, was dieses Mal nicht nur der AfD missfallen hat. Nach so vielen Jahren, in denen dieser Schriftsteller das deutsche Kulturleben auf wohltuende Weise beeinflusst hat, wird er sich jetzt auf seine lateinamerikanischen Wurzeln besinnen müssen, in denen die spanische Sprache der Eroberer, die Muttersprache Gomringers, immer noch eine wichtige Rolle spielt und in der er auch sein Gedicht „Avenidas" schreibt. Zu diesem Kulturkreis gehört der *Piropo*, die spanische Form eines Kompliments, den man mit „Schmeichelei" oder „Artigkeit" übersetzen könnte, ohne die Bedeutung ganz zu treffen, das lässt schon der Klang des spanischen Wortes ahnen. Es ist die besondere Fähigkeit, einer Frau im Vorübergehen etwas „Aufbauendes" zu sagen, das auch „nur" witzig oder poetisch sein kann; es soll ihr vermitteln, dass ihre Erscheinung nicht unbemerkt geblieben ist und gewürdigt wird. Im Vergleich dazu kann der Handkuss eine eher steife, gelegentlich heuchlerische Ehrerbietung sein. Ich erinnere mich an eine Frau, die von einer vergeblichen Zimmersuche in Österreich erzählte. „Ein Handkuss weniger, aber dafür ein Zimmer, wäre mir lieber gewesen."

Ein *Piropo* ist – in seinem besten Fall – eine Kunst des Augenblicks, Poesie des Alltags, ein Zeichen der Bewunderung: Er ist einer Blume vergleichbar, die Männer einer Frau schenken. Vielleicht gehören diese kleinen Aufmerksamkeiten – wie auch der Handkuss – auch schon fast einer vergangenen Zeit an. Aber noch ist er nicht ganz verschwunden: Wenn eine Frau in Spanien (was auch jungen Frauen in Deutschland nicht fremd ist) durch ihre Straße, ihre Stadt geht und keinen *Piropo,* eine Bemerkung zu ihrer Erscheinung, gehört hat, fehlt ihr etwas. Schlimm ist es, wenn sie älter wird und die Komplimente rar werden oder ganz und gar aufhören, wenn sie gar nicht mehr wahrgenommen wird. Da bedarf es der besonderen Fähigkeit eines Mannes, eine eher verborgene Schönheit zu würdigen. So kommen in Spanien, besonders in Andalusien, auch ausländische Frauen, die eine – für andalusische Verhältnisse – ansehnliche Körpergröße haben schon allein deswegen häufig in den Genuss solcher „Blumen". Gelegentlich hören sie Freches oder gar Anzügliches, aber durchaus auch Poetisches wie „Para besarte necesito una escalera – Um Dich zu küssen, brauche ich eine Leiter" oder auch diesen staunenden Ausruf – mit dem Blick nach oben: "Oh! Palmera."

Sogar die Jungfrau Maria wird bei den Umzügen in der *Semana Santa,* der Karwoche, mit *Piropos* überschüttet. Dieses Fest ist unbestritten das wichtigste unter den kirchlichen Feierlichkeiten. Die Hotels sind überfüllt, die Privathäuser ebenfalls, denn jeder in der Familie, der es ermöglichen kann, kommt zur *Semana Santa* wieder in seine Heimat. Was wären diese Umzüge ohne die lauten bewundernden Rufe der Männer, mit denen sie die heilige Jungfrau bedenken, die auf ihrem Thron schwankend durch die Straßen getragen wird – auf den Schultern der männlichen Gläubigen? Die meisten Komplimente bekommt sicher die Stadtheilige der Sevillaner, die schöne Macarena mit diesen Tränen auf ihrer Wange. Mag sein, dass das Maß des Schicklichen in unseren Augen öfters überschritten wird und der bekannte, immer mehr an Kraft verlierende Machismo die Oberhand bekommt, über dessen allzu bekannte Folgen hier einmal nicht die Rede sein soll.

Der *Piropo* gehört zur spanischen Poesie wie die arabischen Anfänge. Es gibt spanisch-arabische Mischformen, in denen nicht nur der wiegende Gang der Kamele seine Spuren hinterlassen hat, sondern vor allem die große Wertschätzung von Schönheit und Farbe inmitten der Trockenheit und Monotonie der Wüste – wie auch das beruhigende Geräusch einer sprudelnden Quelle, eines plätschernden Springbrunnens.

Es wäre doch traurig, wenn all dies im Zeitalter von „Me too“ in der westlichen Welt als nicht mehr tragbar angesehen würde. Im Gegenteil! Sie dürfen sich darüber freuen, es mit Vergnügen lesen. Das Selbstbewusstsein moderner Frauen geht nicht an Eugen Gomringers Gedicht zugrunde, weil es ein Kunstwerk ist, das von wohlgesetzten Worten bestimmt wird, deren Form jenseits aller möglichen Interpretationen steht. Geschrieben hat es aber ein „admirador“, ein Bewunderer.

avenidas
avenidas y flores

flores
flores y mujeres

avenidas
avenidas y mujeres

avenidas y flores y mujeres y
un admirador

EUGEN GOMRINGER

*(flores = Blumen; mujeres = Frauen)*

# Über Männer in Schlafröcken – ein Exkurs

Ein Plädoyer für die Muße und noch viel mehr …

Die Gründe, warum ein französischer Schriftsteller des 18. Jahrhundert seinem alten Schlafrock nachtrauert, dürften sich von den heutigen in einigen Punkten unterscheiden; ob es wesentliche sind, wird sich herausstellen. Denis Diderot jedenfalls beklagt den unseligen Hang zur Konvention, der ihn unter anderem auch dazu gebracht hat, sich von seinem alten Schlafrock zu trennen, obwohl er so bequem war, ihn umhüllte wie eine zweite Haut und zudem die vielfältigen Spuren seines arbeitsreichen Schriftstellerlebens trug. In dem neuen Gewand fühlt er sich wie ein reicher Tagdieb, dem man nicht mehr ansieht, wer er eigentlich ist. Die Trauer über seinen alten „Wollfetzen" bringt ihn gar zu dem verzweifelten Ausruf: „Liebe Freunde, haltet an den Freunden fest, die euch geblieben sind. Fürchtet die Schläge des Reichtums! Lasst euch mein Beispiel eine Lehre sein. Die Armut hat ihre Freiheiten, der Reichtum seine Zwänge!" Wie wahr ...und das erst in unseren Zeiten! Der Schlafrock wird zum Demonstrationsobjekt mit ungeahnten Möglichkeiten der Zivilisationskritik. Dennoch wird der Leser jetzt nicht nur einen Nachruf auf jene alten, abgetragenen ärmlichen Kleidungsstücke von mir erwarten können, wohl aber eine sublime Betrachtung dieses besonderen *Habits.*

Was dürfen wir uns eigentlich unter einem Schlaf- beziehungsweise Morgenrock vorstellen? Was unterscheidet ihn von einem Bademantel, mit dem er verwandt sein dürfte? Nun, ein Bademantel ist eindeutig dazu bestimmt, nach dem Duschen oder Baden oder auch Schwimmen, den Rest von Feuchtigkeit, der auf dem Körper noch geblieben ist, aufzusaugen. Der Schlaf- oder Morgenrock dagegen ist ein Kleidungsstück, das zwar nicht mehr im Bett, aber *vor* dem Bett getragen wird und zwar, – es handelt sich ja in dieser Untersuchung hauptsächlich um Schriftsteller: die *zwischen Bett und Schreibtisch* sich bewegend – ohne einen einengenden Hosenbund oder gar Gürtel, welche auch die Tätigkeit des Gehirns in irgendeiner Weise behindern könnten. Also kein Gürtel, allenfalls eine locker gebundene Stoffschlinge, die vermeidet, dass etwas sichtbar werden könnte, welches den Besucher oder die Besucherin auf dumme Gedanken bringen könnte. Das ist natürlich auch ein nicht zu unterschätzendes Potential, das moderne Hausanzüge oder gar diese scheußlich farbigen, auch noch grell gemusterten Jogginganzüge nicht im Entferntesten besitzen. Dieser Morgenrock ist außerdem dafür geeignet, nach langem Sitzen im Liegen weiterhin seinen Gedanken nachzuhängen, auf einer Chaiselongue zum Beispiel oder – besonders für schreibende Damen – einer *Madame Recamier,* Kurzform *Recamière.*

Auch für Balzac war der Schlafrock von großer Bedeutung. Die Schriftstellerin George Sand beschreibt wie Balzac, – nach einem Dîner in seinem Haus ... sich einen schönen, ganz neuen Schlafrock anzog, „den er uns mit der Freude eines kleinen Mädchens vorführte“. Was er trug, wurde damals in Frankreich mit dem Wort Négligé bezeichnet und war im Grunde nichts anderes als eine bequeme Freizeitkleidung. Dieses Wort gibt die Wonnen der Bequemlichkeit wieder, das freilich – je mehr wir uns der Gegenwart nähern – gepfeffert ist mit einem ordentlichen Schuss Erotik und eindeutig zur weiblichen Seite gewechselt hat. Wenn allerdings die Marwood in Lessings Theaterstück „Miss Sara Sampson“ ein *négligé* trägt, dann wird es nur bequem und kaum unzüchtig sein.

Es ist doch allmählich verwunderlich, dass dieser Morgenrock ein Lieblingskleid vieler Schriftsteller zu sein scheint oder auch nur schien. Nun, es bleibt anderen überlassen, daraus weitergehende Schlüsse zu ziehen. Der Bestandteil Rock klingt nur auf den ersten Blick befremdlich – mit dem weiblichen Kleidungsstück hat er wenig gemeinsam. Schließlich gibt es noch den schon etwas altmodischen „Gehrock“, der im Unterschied zum Hausrock, der für die vier Wände bestimmt war, und wohl eher eine Art bequemes Jackett, eine Art kurzen Morgenrock bezeichnete, den Träger auch bei seinen Spaziergängen vor der Haustür begleitete.

Wir wissen, dass Thomas Mann viele, sehr schöne Schlafröcke besaß, die sich von denen Diderots erheblich unterschieden. Sie waren dazu geeignet, notfalls auch überraschenden Besuch zu empfangen mit der Attitude des *Laisser faire* .... Jean Marais und Cocteau liebten diese Schlaf- oder Morgenröcke – und gelegentlich auch Hausröcke – ebenfalls, aber das bringt uns wohl zu sehr vom Thema ab. Auf jeden Fall hatten die drei erwähnten Herren ein ausgeprägtes ästhetisches Bewusstsein und ein Gefühl für etwas, das wir in unserem Leben so oft entbehren. Sowohl der verfeinerte Sinn als auch die Muße haben bei diesem Kleidungsstück Pate gestanden, dennoch ist es nicht das, was wir heute Freizeitkleidung nennen, die in den wenigsten Fällen von einem erlesenen Geschmack zeugt, über die schon Karl Lagerfeld ein vernichtendes Urteil gefällt hat. So mancher benutzt gar das amerikanische Wort *outfit für diese* Kleidung, das in sich selbst schon entlarvend ist – in seiner Zusammensetzung von *out* und *fit*. Wer nicht *fit* ist, ist *out* ... Eine Gedankenführung, die der Philosophie des Hausrockes außerordentlich fremd sein muss.

Der Sinn für Muße, für den Müßiggang gar, ist nicht nur aller Laster Anfang, sondern auch ein Zeichen von Lebenskunst, und diese geht uns heute zunehmend verloren.
Ein kleiner Exkurs zu diesem Thema, das Lust auf Lesen machen soll, darf dem Leser nicht vorenthalten werden: Ein bemerkenswertes Kuriosum stellt ein rotblumiger *Hausrock* dar, welcher in Gottfried Kellers Roman „Der grüne Heinrich“ beschrieben wird. In diesem ungewöhnlichen Kleidungsstück sind die Utensilien

des Feuerbachschen Wanderpredigers Peter Gilgus eingewickelt, dazu gehört unter anderen „das Auge Gottes“.

Im vorletzten Brockhaus kommt noch in kurzer Form das Wort *Schlafrock* vor, als „langer vorn offener Hausrock“, „seit Beginn des 17. Jahrhunderts. vom Mann, seit Ende des Jahrhunderts auch von der Frau getragen“. Das Wort *Morgenrock* kommt im guten alten Brockhaus gesondert nicht vor, ebenso wenig das Wort *Hausrock*. nichts dergleichen zwischen *Hausrecht* und *Hausrotschwanz*.

Der Begriff *Hausmusik* ist immerhin dort noch zu finden, zu dessen Vorzügen ich mich bei einer anderen Gelegenheit äußern möchte. So viel sei schon gesagt: es geht um die Vorzüge des Dilettantismus.

Anschauungsmaterial zu den obigen Ausführungen ist auf jeden Fall der große Thomas Mann-Bildband und irgendwo gibt es auch ein Foto von Jean Marais im Schlafrock, wahrscheinlich bei Cocteau zu finden.

Als weiterführende Lektüre empfehle ich noch Josef Piper: „Über die Muße“ und Robert Walser: „Aus dem Bleistiftgebiet“ . In seinen Mikrogrammen befindet sich auch die Wortschöpfung *Trägheitsschönheit* nebst den folgenden Zeilen: „Faul, will sagen, planlos flanierte ich gestern Nachmittag und mit freundlicher Leser- und Leserinneneinwilligung, landschaftliche Eindrücke einladend, in mich hineinzuspazieren, im Grünen und in allen sonstigen durchweg annehmbaren Farben herum.“

# *Weibliches Idol* — aus uralten Zeiten und doch so nah

1600 – 1400 v. Chr
Keramikmuseum Weiden/Opf.

Wie die Venus von Willendorf, von der man sagen kann, dass sie ein wenig Dolly Parton gleicht, sieht unsere kleine Figur nicht aus. Natürlich gab es in der Zeit ihrer Entstehung auch noch keine chirurgischen Brustvergrößerungen. Und die jüngere Altsteinzeit lag noch mindestens zehntausend Jahre vor diesem *weiblichen Idol*. Diese kleine Frau stammt aus einer Kultur, die dem Busen der Frau offensichtlich nicht die Bedeutung beimaß wie in der Urzeit und auch heute wieder im Zeitalter der großen Brüste, welche besonders bei den Amerikanern eine *herausragende* Rolle spielen sollen. Die Psychoanalyse hat dazu interessante Erklärungen abgegeben. Es soll etwas mit mangelnder Nestwärme zu tun haben. Naja, wir werden das nicht zu ernst nehmen. Auf jeden Fall wird ein Amerikaner, der auf eine große Oberweite Wert legt, in der Umgangssprache als *tit man* bezeichnet.
Für eine Frau, die sehr kleine Brüste hat, gibt es im Niederländischen den liebevollen Ausdruck: „Twee erwtjes op een plank", was so viel heißt wie: „Zwei kleine Erbsen auf einem Brett." Die kleinen Brüste unseres Idols sind kaum größer als zwei Walnüsse und sitzen fast noch über der Höhe der Achselhöhlen. Sie korrespondieren mit den weit auseinander liegenden runden großen Augen des breiten Kopfes, der merkwürdig modern anmutet. Der Nabel ist ein auffallend großes Loch, das inmitten des taillenlosen Unterleibs sitzt, der aber keineswegs nackt ist, sondern von einer kleinen gemusterten *Bikinihose* – so könnten wir dieses Kleidungsstück heute nennen – bedeckt wird. Wie sie es damals nannten, weiß ich nicht. Es ist für mich interessant, dass es weder ein Fell noch ein Baströckchen ist, und deswegen erscheint sie mir wiederum *merkwürdig modern*. Die keulenförmigen Beinchen sind allerdings nach modernen Schönheitsvorstellungen, die, wenn sie auch nicht mehr an Baby Doll, so doch immer ein wenig an diesen künstlichen Barbies orientiert sind, etwas kurz geraten und laufen

zu den Füßen hin schmal zu. Eine Schönheit kann man sie wohl nicht nennen, aber sie ist auf eine rührende Weise anziehend in ihrer Naivität und Haltung, wozu wesentlich die Hände beitragen, die diese kleine Frau unter ihre Brüste gelegt hat, als wolle sie auf diese aufmerksam machen. Man meint die Bewegung noch zu sehen, in der sie jetzt innehält und in das Objektiv des Fotografen, ich meine: des Töpfers, blickt, als wolle sie sagen: „Hier bin ich. Ist es so recht? Sehe ich gut aus? Gefalle ich dir?"
Ja, sie gefällt – auch viele viele Jahre nach ihrer Zeit ist sie noch immer erstaunlich lebendig. Ich finde sie mindestens so anziehend wie viele Fotografien von diesen neuen Idolen, den Models. Doch Spaß beiseite: Wir befinden uns hier in einem Museum und diese Figur ist natürlich viel mehr als ein Objekt für neuzeitliche, freche Bemerkungen. Es ist ein Objekt mit einer bedeutenden Vergangenheit, ein wichtiges Zeugnis unserer abendländischen Geschichte, die uns durch archäologische Forschung und ihre Ausgrabungen zugänglich geworden ist.
Es stellt sich bei dieser und älteren Figuren auch immer die Frage, ob sie als Göttinnen, als „Vermittlerin zwischen dem Göttlichen und Menschlichen" (Michael Siebert) angesehen wurde, was uns nicht vorgebildeten Betrachtern bei dieser Figur vielleicht nicht gleich eingefallen wäre. Verglichen mit anderen, ähnlichen kleinen Figuren, ist diese relativ jung. So wiesen die kleinen Statuen der „Kykladenidole", ebenfalls eine ähnliche Stellung der Arme auf. Sie waren aber meist rund tausend Jahre älter.
Doch dies ist keine wissenschaftliche Abhandlung und deswegen schließe ich hier und überlasse weitere Nachforschungen den Fachleuten.

# Zur Sprache der Wortlosigkeit Nachwort von Antje von Graevenitz

Die Zweigleisigkeit des Lebens schreibend festzuhalten, ist eine Arbeit am Paradox, denn jedes dieser Gleise hat seinen eigenen Raum und die für ihn bestimmte Zeit.
Das trifft auch für das Schreiben über wortlose Sprachen zu. Selbst unser Körper hat dazu vielseitige Möglichkeiten, direkte beispielsweise: Man muss ja nicht zu etwas „Nein“ sagen, sondern kann auch den Kopf wegdrehen oder schütteln, die Handfläche vor sich halten, damit wedeln oder jemandem den Rücken zeigen. Nicht anders verhält es sich bei der indirekten Körpersprache über Kleidung, Schmuck und Duft. Beim Beschreiben solcher Wortlosigkeiten zimmert man am Paradox, zum einen, weil sich das Ungesagte so doch wieder in Worte verwandelt, zum anderen, weil die Worte, die sich auf das Wortlose beziehen, mit diesem kaum deckungsgleich sein können. Es brauchte Dichter oder Künstler, um sie gemeinsam in Worte zu fassen. Wer schreibend Parallelwelten aufzeigt, steht im Dienste eines zweiten Lebens. Wortlose Sprachen halten einer anderen Fiktion die Treue als Worte, die sie zur Aussage in einer Erzählung bringen. Sprache kann einen etwas glauben machen, was man rückwirkend im tatsächlichen, ersten Leben vielleicht anders nie erkennen würde.

Anette Ruttmann stellt sich der intimen Welt wortloser Sprachen, die wir an uns als Ausdrucksträger heranlassen. Dabei fragte sie sich, mit welchen Augen Dichter und Künstler beobachteten und wie sie die wortlosen Sprachen ihrer Erzählfiguren in eigenen Ausdrucksformen anschaulich machten. Entstanden ist damit eine kleine Schule aus Satzgebilden über wortlose Artikulierungen. Jede ruft vor unseren lesenden Augen Personen mit Wünschen und Empfindungen auf, die sie am Körper äußern. So fand sie nicht nur subtile Zitate über Seltsames und Bezeichnendes, sondern auch allgemeine. Generell gilt natürlich: Um Felllosigkeit wettzumachen, bleibt uns immerhin die Wahl von Kleidungsstücken. Ohne Gedanken darüber und vielleicht sogar einem Plan kommt solche Wahl nicht aus. Das ist je nachdem wohl der Nachteil oder der Vorteil von Nacktheit, die es zu bedecken gilt.

Nicht nur soll Kleidung gegen Kälte schützen, sondern auch wortlos „sprechen". Will man damit zur Gesellschaft dazugehören oder nur ganz bei sich ankommen? Vielleicht heute so, morgen anders? Was sagt die Wahl? Was verspricht sie? Fellsurrogate tragen unsere Mentalität generös öffentlich vor. Sie dienen oft ständiger Verwandlung, Attraktion als Hingucker, Symbiosen mit jeweiligen Eigenschaften und Empfindungen oder sogar einer Blendung. Auf der Suche nach der endgültigen, stimmigen Aussage ihrer Kleidung zerbrechen sich manche den Kopf auf dem Weg zur Selbst(er-)findung. Wortlos ist die eigene Tracht wohl niemals. Manchmal dient sie sich als Rebus an. Anette Ruttmann weiß solche Wortlosigkeiten mit Hilfe von Beobachtungen und Erinnerungen anderer in zitierten Fundstücken aus der Weltliteratur oder Zeugnissen von Künstlern aufzulösen, damit wir uns reich fühlen über die Zweigleisigkeit des Lebens.

ANTJE VON GRAEVENITZ

*1940 in Hamburg, lebt in Amsterdam. Studium der Kunstgeschichte: 1971 Promotion in München, 1977 – 1989 Dozentin an der Universität von Amsterdam, 1989 – 2005 Professorin für allgemeine Kunstgeschichte mit dem Schwerpunkt der Kunst des 20./21. Jahrhunderts an der Universität zu Köln. Korrespondentin der Süddeutschen Zeitung, Redakteurin von Kunstzeitschriften. Zahlreiche internationale Veröffentlichungen über anthropologische und interdisziplinäre Themen.

GERD HEINZ

*1940 in Aachen. Regisseur, Schauspieler, Autor, Theaterleiter und Theaterlehrer, war – nach dem Studium der Germanistik, Philosophie und Kunstgeschichte – an vielen großen Theatern im deutschsprachigen Raum tätig, von 1982 bis 1989 als Intendant des Schauspielhauses Zürich. Danach wandte er sich der Oper und dem Musiktheater zu, wurde Professor an der Hochschule für Musik Freiburg. Nach seiner Emeritierung ist er weiterhin als Regisseur und Schauspieler für Bühne und Film tätig.

ANNETTE BOHN-MEINECKE

* 1951, studierte an der Kunstakademie Stuttgart am Institut für Buchgestaltung. Ihr Wunsch, Malerin zu werden, war bei ihr seit frühester Jugend ausgeprägt: „Ich versuche meine Gefühle – Lebensfreude und Trauer, Gefühle über Leben und Tod, Leichtes und Schweres – durch Form und Farbe auszudrücken. Malen ist für mich eine unmittelbare Lebensäußerung wie Lachen und Weinen." Zu ihren Lieblingsthemen gehört die Darstellung von Frauen. „Sie sind die Untermieterinnen in meinem Kopf", sagt die Künstlerin. Sie war als freie Malerin u.a. in Amberg und Berlin tätig. Heute lebt und arbeitet sie in Heidelberg und in Sauvagnac / Frankreich. Ihre erste Ausstellung war 1975 in Caracas in der „Asociación Cultural Humboldt" zu sehen. Seitdem zeigte sie ihre Arbeiten in mehr als 50 Ausstellungen, davon in ca. 40 Einzelausstellungen.

Bilderliste:

DANKEN MÖCHTE ICH
allen, die mir durch Wort und Tat Mut gemacht haben, meine Essays endlich einem Verlag anzuvertrauen und mir auf meinem langen Weg der Literaturvermittlung zur Seite gestanden sind, vor allen:

Meinem Vater und meiner Mutter, die mir durch ihre Liebe zu Wort und Kunst den Weg gewiesen haben; meinem Mann und meinen drei Kindern, die mir etwas Freiraum für meine literarischen Abenteuer gewährten; meiner Schwester Marie-Luise Flammersfeld, die mir mit ihrer Erfahrung im Verlag wertvolle Ratschläge geben konnte; Gerd Heinz, der die Laudatio zu meinem Essay-Preis hielt , die mich ermutigt hat, weiter zu schreiben; dem Büro Wilhelm Verlag in Amberg, besonders Wilhelm und Philipp Koch, die meinem Buch ein modernes, ansprechendes Kleid angezogen haben, und Antje von Graevenitz, welche die Tücken der Beschreibung wortloser Sprache in ihrem Nachwort in Worte gefasst hat.

Und nicht zuletzt:

Der Künstlerin Annette Bohn-Meinecke, die mit ihren Bildern meinem Buch die noch fehlende Würze gegeben hat.

Der größte Dank gebührt natürlich allen Schriftstellern – ohne die dieses Buch in dieser Form gar nicht existieren würde.

## *Eine kleine Bibliographie, die das Suchen erleichtern soll:*


Julian Barnes „Flauberts Papagai“
Annette von Droste-Hülshoff „Gedichte“ - Fels, Wald und See
Marguerite Duras, „Der Nachmittag des Herrn Andesmas“
Ennio Flaiano „Nächtliches Tagebuch“ und „Oh Bombay“
Marie-Luise Fleißer „Eine Zierde für den Verein“
Federico García Lorca „Romancero Gitano”
Natalia Ginzburg „So ist es gewesen“
Eugen Gomringer „Poema“ - Gedichte und Essays
Konstantinos Kavafis Veröffentlichte und unveröffentlichte Gedichte, Prosa
Georg Christoph Lichtenberg, „Nach Venedig“
Jean Paul „Levana“, Ästhetische Untersuchungen 1 - Einfälle 3 und Gedanken 5;
Antonio Machado „Soledades“ – Gedichte
Ossip Mandelstam „Tristia“
Friederike Mayröcker „Und ich schüttelte einen Liebling“
Fernando Pessoa „144 Vierzeiler“
Peter Rühmkorf „Tabu“ - Tagebücher, 1989-1991
Gertrude Stein „Zarte Knöpfe“
Wislawa Szymborska „Deshalb leben wir“ – Rubens‘ Frauen
Marguerite Yourcenar, „Schloß der Frauen“


## *Werke über Mode, Frauen und Literatur:*


„Du“ (Kulturmagazin) „Das Kleid“ April 2008
Grant McCracken „Big Hair“ Der Kult um die Frisur 1997
Cunningham/Marberry „Crowns“-Portraits of Black Women in Church Hats 2000
Elfriede Gerstl, „Kleiderflug“ 1995 mit einem Nachwort von Franz Schuh
Elfriede Jelinek Jan.1991 in einem Interview der Zeitschrift „Vogue“
Musée de la Mode et du Costume „De la mode et des lettres“ Ausstellungskatalog 1985 des Palais Galliera
Ethel Portnoy „Madonna’s Appel“ – Over vrouwen en de media, 1992
Hannedore Schlaffer „Mode, Schule der Frauen“, 2018, und „Schönheit“- Über Sitten und Unsitten unserer Zeit,1996
Barbara Vinken „Die Blumen der Mode“- Klassische & Neue Texte zur Philosophie der Mode, 2016
Gisela von Wysocki, „Die Fröste der Freiheit“ – Aufbruchsphantasien 2000

# IMPRESSUM

POESIE DER KLEIDER
Essays über Frauen, Literatur und Mode

*Herausgeberin und Autorin:*
Anette Ruttmann

*Malerei:*
Annette Bohn-Meinecke, Heidelberg

*Konzeption und Gestaltung:*
Philipp Koch, Wilhelm Koch
Büro Wilhelm. Designagentur, Amberg

*Produktion:*
Frischmann Druck und Medien, Amberg

*Verlag*
Büro Wilhelm. Verlag
www.buero-wilhelm-verlag.de



*ISBN:* 978-3-948137-42-7
*Preis: 18,00 €*

Die Deutsche Bibliothek – CIP Einheitsaufnahme

Ein Titeldatensatz für diese Publikation ist bei der Deutschen Bibliothek erhältlich. 